Kabbala kezdőknek

Fordította
Cserhalmi Tamás

Rav Michael Laitman

Kabbala kezdőknek

*A Kabbala története, tanai
és jelenkori alkalmazása*

Tartalom

Bevezető

A tudósok évezredekig tanulmányozták a Természet törvényeit, viselkedésünket és helyünket a világban. Mégis csak mostanában ismerik fel, hogy minél előrébb haladnak a kutatásaikkal, annál összezavarodottabbnak látják a világot.

Míg a tudomány kétségtelenül hatalmas növekedést okozott az életszínvonalunkban, olyan határok léteznek, amin az képtelen áthatolni. Például tudományos eszközök nem tudják az emberi lelket, vagy a cselekedeteink alapvető mozgatórugóit mérni. Ha tudnák, képesek lennénk embereket arra „programozni", hogy úgy viselkedjenek, ahogyan azt mi szeretnénk. De mivel nem tudjuk megfigyelni a lényegi motivációikat, mi emberek, a Teremtés csúcsai, még mindig nem vagyunk tudatában annak, hogy miért jöttünk erre a világra.

Az ember mindig kereste a válaszokat az élet legalapvetőbb kérdéseire: *Ki vagyok én? Mi az életem célja? Miért létezik a világ? Lesz-e folytatás, ha a fizikai létünk véget ér?*

Miután nem találnak kielégítő válaszokat, néhányan mentsvárra lelnek a keleti tanításokban, meditációkban vagy technikákban, amik minimalizálják a személyes elvárásokat és csökkentik a kiábrándultságból fakadó szenvedést.

A tapasztalat azonban arra tanít minket, hogy sosem tudjuk kielégíteni a vágyainkat; ennélfogva mindig valamekkora elégedetlenséget tapasztalunk. Mégis, lényünk legmélyebb szintjén szenvedésünket leginkább az okozza, hogy képtelenek vagyunk megválaszolni az élet legalapvetőbb kérdését: „Miért vagyok itt?"

A Kabbala megválaszolja ezt a kérdést, és ahogyan azt teszi, egy teljes és tartós elégedettség felé vezet minket. Megmutatja, hogyan férjünk hozzá a spirituális birodalom lényegi érzéséhez – a hatodik érzékhez –, így fejlesztve életünket ebben a világban. Ezzel fel tudjuk fogni a Felső Világot – a Teremtőt –, és irányítást nyerhetünk az életünk felett.

A *Bibliát*, a *Zohár* könyvét, *Az Élet fáját*, a *Tíz Szfira Tanulmányát* és egyéb autentikus kabbalista forrásokat azért kaptuk, hogy elvezessenek minket a spirituális birodalmakba. Segítségükkel spirituális tudáshoz jutunk. Megmagyarázzák, hogyan tudjuk e világi életünket spirituális felemelkedés útjává változtatni.

Generációkon át a kabbalisták változatos stílusban rengeteg könyvet írtak, mindegyikük alkalmazkodott a korhoz, amelyben éltek. Ugyanígy a *Kabbala kezdőknek* azért íródott, hogy segítsen túljutni az első lépéseken az emberi viselkedés gyökereinek és a Természet törvényeinek megértése felé. A könyv tartalma bemutatja a Kabbala leglényegesebb alapelveit és bemutatja, hogy ezek az alapelvek hogyan működnek. Ezt a könyvet azoknak szánták, akik megbízható módszert keresnek, hogy tanulmányozzák a világunkat. Azoknak, akik meg akarják érteni a szenvedés és öröm okait, akik átveszik az irányítást az életük felett, és azt a legérdekesebb és legörömtelibb utazássá változtatják.

I. rész

A Kabbala története

Nincs igazán különbség a Kabbala története és a világ története között, kivéve azt, hogy a Kabbala ugyanezt a történetet a spirituális nézőpontból meséli el. Hasonló ez ahhoz, ahogy az életünket két nagyon különböző nézőpontból figyeljük meg. A történelem szempontjából a múltunk a történések egy folyamata, ami a felmenőinkkel történt, míg kabbalista nézőpontból a múltunk spirituális események egymásutánja, olyan jelenetekben kifejezve, amit „Földi életnek" nevezünk.

Ahogyan a Harmadik Részben látni fogjuk, a történelem nem igazán „tárulkozik ki" a Kabbalában; inkább mindegyikünk külön tapasztalja meg. A kabbalisták nem úgy viszonyulnak a valósághoz, mint egy kézzelfogható valósághoz, de azt magyarázzák, hogy amit „külsőként" figyelünk meg, az valójában a bennünk létező képek tükröződése

A könyv első része a Kabbala történetét beszéli el, mint olyan tapasztalatokat, amik a fizikai világban jelentkeztek. A második rész a valóság eredetét és felépítését fedezi fel. A harmadik rész a belső valóságunkat vizsgálja, a negyedik rész pedig mindhármat egy koherens, gyakorlati világképpé formálja.

1. Kabbala-krónikák

A Rambam (Majmonidész), egy nagy 12. századi kabbalista írta, hogy ezredévekkel ezelőtt, amikor az emberiség mélyen a bálványimádásba merült, egy ember nem tudott az árral haladni. Az ő neve Ábrahám volt, és ma úgy hívjuk őt, mint „Ábrahám, a pátriárka". Ábrahám addig mérlegelt és keresett, míg meg nem találta az igazságot: hogy a világnak csak *egyetlen* vezetője és irányítója van.

Amikor ezt felfedezte, rájött, hogy felfedte az élet végtelen igazságát, és sietett megosztani ezt a világgal. Hogy tiszta legyen az üzenete, egy olyan módszert fejlesztett ki, ami világosan magyarázza el a megfigyeléseit. Azóta a világ számára létezik egy módszer, ami feltárja a valóságot. Ma ez a módszer éppúgy érvényes, mint akkoriban volt, és úgy hívjuk: „a Kabbala bölcselete".

Első állomás

Könyvének, az *Erős kéz*nek első fejezetében Majmonidész leírja, hogy volt idő, amikor az emberek tudták, hogy egy erő irányítja a világot. Elmagyarázta, hogy egy idő után, egy spirituális hanyatlás következtében mindannyian elfelejtették ezt. Ehelyett az emberek abban kezdtek hinni, hogy sok erő létezik a világban, mindegyikük a saját felelősségi körével. Valamely erők az élelmiszerellátásért voltak felelősek, némelyek segítettek sikeresebben nősülni, megint mások gazdagságot és egészséget hoztak.

De egy ember, akit most Ábrahámnak ismerünk, észrevette, hogy ezek az erők mind ugyanazoknak az életre és halálra, sarjadásra és sorvadásra vonatkozó szabályoknak engedelmeskednek. Hogy felfedezze, milyen szabályok ezek, elkezdte a Természetet tanulmányozni. Ábrahám kutatása arra tanította, hogy valójában csak egy erő létezik, és minden más annak a részleges testet öltése. Ez volt az emberiség spirituális evolúciójának Első Állomása.

Talán az egyik legismertebb indián tradíció a tanácskör. Itt a tagok körben ülnek, és minden tag ugyanannak a témának egy újabb vonatkozását fejezi ki. Ugyanígy, Ábrahám sem akarta a dolgokat csak egyetlen nézőpontból szemlélni. Mindenki szemén keresztül szeretett volna látni, és így fedezte fel az egyetlen erőt, ami különböző embereket különböző dolgok meglátására vett rá.

Amikor Ábrahám felfedezte ezt az igazságot, terjeszteni kezdte a világban. A kihívás számára az volt, hogy elmagyarázzon egy olyan elképzelést, ami ellentmondott mindennek, amiben a saját kortársai hittek. Ábrahám arra kényszerült, hogy kifejlesszen egy tanítási módszert, ami feltárja számukra ezt az elképzelést. Ez volt a prototípusa annak a tanulási módszernek, amit „Kabbalának" hívunk (a héber *Lekabel* szóból, ami megszerzést jelent). Ma a Kabbala megtanítja nekünk, hogyan fedezzük fel azt az erőt, ami vezet minket, és amelynek megélésével végtelen örömhöz és élvezethez jutunk.

A továbbiakban részletesebben fogunk beszélni Ábrahám felfedezéséről, de meg kell említenünk, hogy a felfedezésének lényege az, hogy az univerzum „engedelmeskedik" egy olyan erőnek, ami szeret és adakozik. Ez az erő az, amit Ábrahám és az összes próféta a Bibliában „Teremtőnek" hív. Amikor bibliai alakok a Teremtőről beszélnek, vagy Úrról, vagy Istenről, nem egy lényről beszélnek, hanem a szeretet és adakozás erejéről és mindezek megtapasztalásáról. Ha ezt észben tartjuk, a Kabbala módszerét nagyon tisztának és könnyen érthetőnek fogjuk találni.

Ábrahám felfedezése nem véletlen volt. Épp időben érkezett, hogy áttörjön az egoizmuson és önzésen, ami azzal fenyegetett, hogy elpusztítja az emberek közötti, és a Teremtő és az emberiség közötti szeretetet és egységet.

Ez az egység volt az emberiség természetes életmódja a Bábel Tornyát megelőző időkben. Ezt érti azalatt a Biblia, hogy „Mind az egész földnek pedig egy nyelve és egyféle beszéde vala." (I. Móz. 11:1). Mindenki tudott a Teremtőről, a szeretet és adakozás erejéről, és mindenki egységben volt vele. Az emberek úgy tapasztalták ezt meg, mint életük részét, és nem kellett „dolgozniuk" az egységükön, mint ahogy manapság kell, mert nem volt olyan egoizmus, ami szétválasztotta volna őket. Ezért írja a Biblia, hogy „egy nyelv" volt és „egy beszéd".

De ahogyan az emberek önzősége növekedni kezdett, az egységüket a saját hasznukra akarták fordítani. Ezt követte a Teremtő aggodalma. Más módon kifejeződve, a szeretet erejének cselekednie kellett, hogy elhozza az emberiség egoizmus alapú elválasztódását. A Genezis szavaival: „És monda az Úr: Ímé e nép egy, s az egésznek egy a nyelve, … és bizony semmi sem gátolja, hogy véghez ne vigyenek mindent, amit elgondolnak magukban." (I. Móz. 11:6)

Hogy megmentse az emberiséget a saját egoizmusától, a Teremtő, az egyetlen erő, amit Ábrahám felfedezett, két dolog közül dönthetett: szétszórja az emberiséget, és ezzel megelőzi az önérdekek katasztrofális összecsapását, vagy megtanítja az embereknek, hogyan jussanak túl az egoizmusukon.

Az utóbbi lehetőség kétségtelen haszonnal járt: ha az emberek egységre lépnek az egoizmusuk ellenére, nemcsak hogy megtartják az életmódjukat, de valójában még szorosabban egyesülnek a Teremtővel. Más szavakkal: az erőfeszítés a kapcsolódásra – a növekvő egoizmusuk ellenére – arra venné rá az embereket, hogy jobban egyenesbe kerüljenek, és a Teremtővel és egymással is jobban egyesüljenek.

Íme egy példája ennek az alapelvnek: Képzeld el, hogy gazdag vagy és egy vadonatúj Jaguárt szeretnél. Nem nagy ügy; csak elmész a legközelebbi kereskedőhöz, és kihajtasz álmaid autójával. Szerinted mennyi ideig tart az örömöd? Egy hétig? Talán még rövidebb ideig. És mennyire törődnél tényleg a Jaguároddal, ha nem kerül többe egy a kereskedőnél tett látogatásnál, hogy megkapd azt?

De ha *nem* lennél annyira jól eleresztve, és két műszakban kellene dolgoznod két évig, hogy megkapd a Jaguárt, akkor kétségtelen, hogy nagyon szeretnéd és értékelnéd azt az autót. Az erőfeszítés, amit a „megszerzésbe" fektetsz, sokkal fontosabbá teszi számodra az autót.

Ez a haszna a Teremtővel való egyesülésnek, a növekvő egoizmus ellenére. Az egoizmusnak fontos szerepe van: azért létezik, hogy törekedj arra, hogy felülemelkedj rajta, egy „gyakorlótér", ahol erőfeszítéseket tehetsz, aminek hatására értékelni fogod a szeretet erejét – a Teremtőt.

Tehát a Teremtő feltárta önmagát Ábrahámnak, hogy megmutassa, hogyan gyakoroljon az emberiség és „dolgozzon" a Teremtő szeretetén, és így hozzá közelivé váljon. Ez az oka annak is, hogy Ábrahám lelkes terjesztője volt ennek a módszernek. Tudta, hogy az idő lényeges: vagy megtanítja az embereit, hogyan egyesüljenek a Teremtővel – a szeretet erejével –, vagy a növekvő egoizmusuk elidegeníti őket egymástól és szétszóródnak, vagy megölik egymást.

> (Ábrahám gondolta): „»Hogyan lehetséges, hogy ez a kormány mindig kormányozni fog vezető nélkül is? És ki vezeti azt? Végül is nem vezetheti saját magát!« És nem volt tanára, és senki, akivel megoszthatta volna. Ehelyett ő... bálványimádókkal, bolondokkal volt körülvéve. És az apja, az anyja és minden ember körülötte bálványimádó volt. És ő is velük együtt imádta a bálványokat. És a szíve addig kóborolt és értett meg mindent, amíg el nem érte az igazság útját." Majmonidész, *Jad HaHazaka* (*Az Erős Kéz*), Bálványimádó Szabályok

Ahogyan a Biblia és más ősi héber szövegek tanítják nekünk, a babilóniaiak visszautasították és megvetették Ábrahám ajánlatát. Ábrahámnak nézeteltérése volt a királyukkal, Nimróddal, és bebizonyította, hogy a módszere működik. De ahelyett, hogy átvette volna azt, Nimród megkísérelte legyilkoltatni Ábrahámot. Most, amikor az élete volt a tét, Ábrahám elmenekült Babilonból, és elkezdte tanítani a módszerét „városról városra, királyságról királyságra, ameddig el nem érkezett Izrael Földjére".

(Majmonidész, *Az Erős Kéz*, Bálványimádási Szabályok, Első fejezet)

A nehézségek és kihívások ellenére, Ábrahám tanításai támogatást kaptak, és a követői segítettek neki megosztani a tudást egymással, valamint a tisztségeket „újonnan toborzottakkal" megtölteni. Idővel az igazság magányos harcosa követőket talált, és egy olyan nemzetet teremtett, aminek a neve, „Izrael nemzete", azt az egy dolgot szimbolizálja, ami a közös pont volt bennük – a Teremtő felé irányuló vágyukat. Az „Izrael" két héber szó kombinációja: *Jasar* (egyenesen) és *Él* (Isten). Izrael népét azok teszik ki, akiknek egy vágy él a szívükben: legyenek hasonlatosak a Teremtőhöz, egyesüljenek altruizmusban és szeretetben.

Bábel tornyának összeomlása azonban nem a történet vége volt, hanem csak a kezdete. A szeretet ereje, amit Ábrahám felfedezett, szorosabbra akarta fűzni a kapcsolatát az emberiséggel. De amióta a Teremtő a szeretet ereje, és annyira szeret minket, amennyire bárki szeretni tud mást, a kapcsolat szorosabbra fűzése csak belőlünk fakadhat. Ezért ez az erő, a Teremtő, megnöveli az egoizmusunkat, hogy fölé emelkedjünk és ezáltal erősítsük a kötődésünket Ővele.

Azok számára, akik továbbra is egoisták szeretnének maradni, a megnövekedett egoizmus nagyobb elszigetelődést jelent. Ennek eredményeképpen az emberek, akik egykoron egységesek voltak, különféle nemzetekre oszlottak, és új technológiákat fedeztek fel, amivel új fegyvereket tudtak teremteni. Arra használták ezeket a fegyvereket, hogy megvédjék azt, amit a szabadságuknak tartottak, de ez valójában a megnövekedett önközpontúságuk, és a Teremtőtől és egymástól való elidegenedésük volt.

Anélkül, hogy észrevették volna, egyre növekvőbb mértékben igázta le őket az egoizmusuk, miközben hibásan azt gondolták, hogy megvédik magukat azoktól, akik bántani akarják őket. Az egoizmusuk elfeledtette velük, hogy amikor egységesek voltak, nem volt szükségük fegyverekre, mivel nem volt egoizmusuk, ami azt éreztette volna velük, hogy veszélyben van a szabadságuk.

De azok számára, akik szerettek volna egységesek maradni, és mélyíteni a szeretetbeli kötődésüket, a megnövekedett egoizmus lehetőséget kínált a fejlődésre. Számukra inkább kihívás volt ez, mint probléma vagy krízis.

De hogy felvegyék a versenyt a megnövekedett egoizmussal, fejleszteni kellett Ábrahám módszerét. Ez volt Mózes szerepe. Mint a babilóniaiak a királyukkal, Nimróddal, aki az egoizmus új szintjét jelentette – ekkor ezt az Egyiptomiak és a királyuk, a fáraó képviselte – és őelőle is menekülni kellett.

A fáraó nem egyszerűen egy gonosz király volt. Valójában Izraelt (akik a Teremtő után vágyakoztak) közelebb hozta a Teremtőhöz. A Kabbalában a fáraó az egoizmus megfelelője, és az egyetlen mód, hogy elmeneküljünk előle az, hogy egyesülünk (egymással és a Teremtővel). Ahogyan már korábban láttuk, az egység közelebb hoz a Teremtőhöz (hasonlóbbá tesz vele). Hogy legyőzze a fáraót, Mózes visszatért Egyiptomba a menekülése után, és egyesítette az embereket ugyanazon gondolat mentén, amit Ábrahám terjesztett sok évvel azelőtt, és ez újfent segítette az embereket a menekülésben.

De ekkor Izrael egy sokkal erősebb egót győzött le. A fáraó nem olyan volt, mint Nimród, Bábel királya; őt nem győzhette le egyetlen eltökélt ember. A fáraó legyőzéséhez egy egész, egységes nemzet kellett. És mivel Mózesnek meg kellett tanítania Ábrahám módszerét az egész nemzetnek, új könyvet írt a nemzet számára, Ábrahám tanításainak átdolgozását: a Tórát (Pentateuch).

A Teremtő azonban, mivel ő a szeretet és a nagylelkűség ereje, többek számára akart adni, mint egy nemzet. Azt szerette volna, hogy az *egész világ* megtudja, hogy csak egy erő van, nekik pedig át kell adni ezt az ajándékot – Önmagát – az egész emberiségnek.

Tehát amíg Mózes Tórája nagy lépés volt előre, mivel segített egy teljes nemzetnek összekapcsolódni a Teremtővel, nem ez volt az út vége. Az egész útnak akkor lesz vége, ha az egész világ kapcsolatba lép Ővele, és megtapasztalja a szeretet és egység kötelékét, amit az ókori babilóniaiak megtapasztaltak az egoizmusuk első kitörése előtt. Máshogy mondva: az út vége akkor fog eljönni, amikor az egész emberiség újra igényelni fogja, amit egykoron birtokolt, majd elveszített.

A cikkben, aminek a címe „A Kabbala Bölcseletének Lényege", a kabbalista rabbi, Jehuda Áslág úgy írja le a Teremtés célját, mint egy egyedülálló, magasztos célt: „az Ő istenségének feltárulása az Ő teremtményei számára a világon."

Második állomás

Az emberiség spirituális evolúciójának második szakasza körülbelül kétezer évvel ezelőtt kezdődött, amikor a *Zohár könyvét*, a Kabbala legfontosabb könyvét megírták és elzárták. Azután írták, miután Izrael népe utolsó, leghosszabb száműzetésére került sor.

Épp mint Ábrahám és Mózes az Első Állomásnál, a második állomásnak is két óriása volt: Rabbi Simon Bár Joháj (Rásbi) és a Szent Ari (Luria Izsák rabbi). Rásbi *Zohár könyve*, ahogyan a könyv maga kimondja, egy kommentár a Tórához. Ahogyan Mózes elmagyarázta Ábrahám szavait az egész nemzetnek, a *A Zohár könyve* Mózes szavait szándékozott elmagyarázni az egész világ számára. Ezért van, hogy gyakran olvashatjuk, hogy a *Zohár könyve* a Messiás idejében kell hogy megjelenjen, az „idők végén". Ezért írta Rabbi Jehuda Áslág, a nagy huszadik századi kabbalista azt, hogy a *Zohár könyvé*nek újrafelfedezése a bizonyíték rá, hogy a *Messiás* ideje eljött.

„Azt találtam írva, hogy a fenti rendelet nem jelenti ki nyíltan, hogy az igazság bölcsessége csak egy ideig tart – 1490 végéig. Attól fogva … az ítélet felszabadul, és engedélyt kapunk, hogy elköteleződjünk a *Zohár könyve* felé. És az 1540-es évtől fogva dicséretes, hogy több ember köteleződjön el mellette, mert ez az az erény, ami által a Messiás király eljön, és nem más erény az."
Rabbi Avraham Azulai, bevezetés a könyvbe: *Or ha Hama (Light of the Sun)*

Mint mindig, az egyetlen ellenszer a növekvő egoizmus ellen az egység, és minél nagyobb az egoizmus, annál fontosabb az embereknek, hogy egyesüljenek. Először elég volt Ábrahám követőit és családját egyesíteni. Aztán, amikor Mózes elmenekült Egyiptomból, egy egész nemzetet kellett egyesíteni a siker érdekében. Ma az egész emberiséget egyesítenünk kell. Az egoizmus olyan méreteket öltött, hogy hacsak az egész emberiség nem egyesül, hogy túllépjen rajta, nem fogunk sikerrel járni.

A második állomás alatt az emberiség összefonódása a Teremtővel nagyon különbözött az elsőtől. Finom fejlődés ideje volt, amikor az eszköz, hogy egyesítsük az emberiséget – a Kabbala bölcselete – homályosan megvilágított szobákban és alig észrevehető csoportokban finomodott és fejlődött. Ezért van az, hogy az időszak két legjelentősebb könyvét, Rásbi *Zohár könyvét* és az Ari *Élet Fáját* a művek írói elrejtették, mihelyt azok elkészültek. Sok évvel később bukkantak fel, a *Zohár* esetében sok évszázaddal később.

Harmadik állomás

Az emberiség spirituális fejlődésének utolsó állomása valójában az 1990-es években kezdődött. 1945-ben Jehuda Áslág rabbi, a *Szulám* (létra) című *Zohár-kommentár* írója azt jósolta, hogy az utolsó szakasz 1995-ben fog elkezdődni. Ugyanígy a Vilna Gaon (GRA) azt írta a *Teknősgalamb hangja* című könyvében, hogy ez az állomás 1990-ben fog elkezdődni. Több kabbalista hasonló jóslatokat tett, és ez arra a következtetésre vezetett, hogy a jövő már itt van, és most van itt az ideje, hogy egyesüljünk, és egyszer és mindenkorra legyőzzük az egót.

Az emberiség egész története az egoizmus elleni küzdelmekkel van kikövezve, amit olyan próbálkozások követnek, amik ennek ellenére egyesülést akarnak. Ma a legtöbb tudós egyetért abban, hogy az ember önközpontúsága és a Természet szabályainak meg nem értése az oka minden bajnak, ami a világon van. Jehuda Áslág az 1930-as 1940-es években írt erről, de akkoriban szavai pusztába kiáltott szavak voltak.

Az elmúlt években nyilvánvaló lett, hogy hacsak nem változtatunk önmagunkon, a világ nem fog jobbá változni. Valójában olyan sokféle módon döntjük romba a bolygónkat és a társadalmunkat, hogy a problémákat külön-külön lehetetlen megoldani. Ahhoz, hogy megoldjuk ezeket a problémáinkat, teljes körű megoldásra van szükségünk, amit csak akkor találhatunk meg, ha az emberi egoizmust altruizmussá alakítjuk, és összekapcsolódunk a szeretet erejével – a Teremtővel.

Áslág a „Béke a Világon" című cikkében azt írja, hogy ha egyesülünk, az emberiség minden egyes tagja személyesen fogja megtapasztalni a Teremtőt, a szó legmélyebb értelmében, ahogyan az le van írva: „ők mindnyájan megismernek engem, kicsinytől fogva nagyig, azt mondja az Úr" (Jeremiás 31:34). A Kabbala bölcselete felkészített módszer arra, hogy segítsen ezt az egyesülést megvalósítani, és megtapasztalni a Teremtőt. Áslág a *Bevezető a Zohár könyvéhez* című művében azt írta, hogy ha a Kabbalát a mindennapi életünkbe integráljuk, elérjük azt a célt, amiért teremtve lettünk és újra „egy nyelv lesz közöttünk és egy beszéd" egységre lépve a Teremtővel, és sosem leszünk már elszakadva.

2. A Kabbala időtlen tanítói

Az idők során több kabbalista írt alapos és csodálatos könyveket. De szeretnénk négy különleges kabbalistára és az ő könyveikre koncentrálni. Ezek az emberek kifejezetten azért írták a műveiket, hogy segítsenek a kezdőknek megismerkedni a Kabbalával. Kivételt képez Akiva rabbi, aki nem hagyott maga után könyvet. Ehelyett olyan meggyőző fogalmakkal ajándékozott meg minket, amik a mai napig hatással vannak ránk.

Akiva rabbi inspiráló alakja és példaképe a kabbalistáknak, az ő korszaka – i. sz. első és második század – óta. Akiva rabbit követően Simon Bár Joháj rabbi (Rásbi) jött, aki a *Zohár könyvét* adta nekünk. Eztán, tizennégy évszázaddal később Isaac Luria rabbi (a szent Ari), akinek fő műve az *Élet fája*, utolsónak pedig Jehuda Áslág rabbi jött el (Baál HaSzulám), akinek a *Tíz Szfira Tanulmánya* című műve olyan jelentőségű, hogy anélkül a kortárs Kabbala diák képtelen volna elérni a spiritualitást.

Ezek a nagy kabbalisták átadták szövegeiket a generációiknak. Így műveik nyelvezete kortársaik megértési szintjeihez illeszkedik. De az üzenet mindig ugyanaz – Akiva rabbi mottója, „Szeresd a barátodat, mint önmagadat". Ez az üzenet visszavezet minket Ábrahám üzenetéhez, hogy csak az egységen és összekapcsolódáson keresztül fogjuk legyőzni az egoizmust, elérni a Teremtőt és olyan életet találni, ami fizikai és spirituális boldogságot ad.

Fedezzük fel a személyes történeteket a spiritualitás ezen tartóoszlopai mögött.

Akiva rabbi

Akiva rabbi az i. sz. első és második évszázadban élt; ez idő legjelentősebb bölcse volt. Vezető pedagógus, idejének első kabbalistája, és részt vett a kor lényeges spirituális szövegeinek – a *Misná*nak és a *Halahá*nak – írásában. Ugyanakkor a Bar Kokhba-felkelés spirituális vezetője volt, és ő volt az az ember, aki feltárta a világ számára a szeretet törvényét.

Negyvenéves koráig Akiva rabbi írástudatlan pásztor volt, aki hétköznapi életet élt. Sosem álmodozott arról, hogy egy napon drámai módon fog megváltozni az élete.

A FORDULÓPONT

Addig a fordulópontig Akiva rabbi Kalba Savuánál dolgozott pásztorként. Negyvenéves kora körül irányíthatatlan késztetést érzett rá, hogy rájöjjön az élet értelmére és felfedezze a szabályokat, amik azt irányítják. Ebben az időben romantikus kapcsolatban élt Ráhellal, Kalba Savua, az időszak leggazdagabb és legelismertebb emberének lányával. A lány apja nem volt túl boldog, hogy a lánya belebolondult egy „ostobába". De ahogyan a legjobb történetek folytatódnak, a szerelem győzedelmeskedett, és a szerelmesek egybekeltek az apa akarata ellenére is.

A Talmud szerint (ami a Misna kommentárja), Ráhel volt az, aki arra bátorította Akiva rabbit, hogy hagyja el otthonát, és menjen kabbalát tanulni az időszak legnagyobb kabbalistáitól. A szíve azt súgta neki, hogy csak így fog a férje válaszokat találni a kérdéseire. Megeskette, hogy nem fog visszatérni addig, amíg a Felső Világok törvényeit el nem éri. És így, feleségétől megáldva, Akiva rabbi spirituális útja elkezdődött.

Akiva rabbi három kabbalistától tanult: Elazar rabbitól, Jehosua rabbitól és Nahumtól, a gamzui embertől. Fokról fokra felemelkedett a spirituális létra fokain, lassan leelőzte tanítóit, és generációjának vezető kabbalistájává vált.

Amikor mindent megtanult mentoraitól, amit csak tudott, Akiva saját iskolát nyitott. A bölcselet szava gyorsan terjedt, és az országból 24 000 diák járt hozzá tanulni.

A SZERETET TÖRVÉNYÉNEK FELFEDEZÉSE

Akiva rabbi egyedi tanítási módszerei testvéri szeretetet építettek ki a diákjai között. A fizikai valóság ugyanennek a szeretettörvénynek engedelmeskedik, a Teremtőnek, aki a spirituális világokat irányítja. Ennélfogva amikor valaki a szeretet törvényei szerint cselekszik, kiegyensúlyozott kapcsolatba kerül a Természettel, és olyan egésznek és örökkévalónak érzi magát, mint a Természet. De amikor az önszeretet hatása alatt cselekszünk a testvéri szeretet helyett, szenvedünk és boldogtalanok vagyunk.

> Boldogság és boldogtalanság nem rajtunk kívülről jön el hozzánk; ez a Természethez (a Teremtőhöz) való hasonlatosságunk közvetlen következménye. A Teremtő nem ad nekünk mást, mint jó dolgokat, mert ő a szeretet ereje. De amikor Ővele ellentétesek vagyunk, nem tudjuk ezeket megkapni. Ez az oka minden fájdalomnak és szerencsétlenségnek a világon.

Akiva rabbi felfedezte, hogy a Természet törvénye, a szeretet törvénye állandó és változatlan. Megtanulta, hogy amikor megváltoztatjuk a hozzáállásunkat másokhoz, hirtelen az egész valóságunk is megváltozik. Felismerte, hogy az egoista kapcsolatok a felelősek a szenvedés minden formájáért a világban.

Az ego – vagy ahogy a kabbalisták hívják, az „önszeretet" – bezár minket abba a korlátolt valóságba, amit érzékelünk, és nem enged be az élet örökkévaló spirituális birodalmába. Az egyetlen mód, hogy megtapasztaljuk az örökkévalót, ha megváltoztatjuk a hozzáállásunkat másokhoz. Akiva rabbi a tapasztalatait híres mondásában foglalta össze: „Szeresd a barátodat, mint önmagadat; ez a Tóra (tanítás) legnagyobb szabálya."

A Bar Kokhba-felkelés

Időszámításunk szerint 132-ben Simon Bar Kokhba vezetésével Júdea királysága felkelt a rómaiak ellen. Úgy tűnt, hogy sikerrel járnak, amikor visszavonulásra kényszerítették a rómaiakat. Kétségbeesésükben a rómaiak segítséget kértek, és amikor az új csapatok megérkeztek, az erők egyensúlya megváltozott. A rómaiak mindent megsemmisítettek útjuk során, és elfoglalták Júdea királyságát. Zsidók tízezreit gyilkolták meg, és akiket elfogtak, azokat eladták rabszolgának.

Bar Kokhba felkelésének leverése a kabbala történetében a legértelmesebb szakaszok egyike volt. Júdea fizikai lerombolása népeinek spirituális hanyatlásának megtestesülését jelentette, melynek legtisztább szimbóluma Aelia Capitolina pogány városának létrehozása volt Jeruzsálem romjain.

A kabbalisták, akik folytatták a tanítást mindezek ellenére, halálra voltak ítélve, és Akiva rabbi egyik áldozata lett ennek. Folytatta a tanítást és megosztotta a Kabbala bölcseletét, ameddig el nem fogták a rómaiak. Caesareába küldték börtönbe, ahol egy római meghatalmazott brutálisan kivégeztette.

KÉT CSAPÁS AKIVA RABBI MUNKÁJÁRA

Az elmúlt 5000 évben az emberiség több jelentős kitörését figyelhette meg az egoizmusnak. Mindegyik kitörés úgy jelent meg, hogy az emberek többet akartak, mint azelőtt, és mindegyik megváltoztatta a történelem menetét.

Az első kitörés Bábelben volt, Ábrahám idején. A második Mózes korában, a harmadik pedig Akiva rabbi korában. Az egoizmus utolsó kitörése miatt a testvéri szeretet Akiva rabbi tanítványai között átalakult egy megalapozatlan gyűlöletté. Ez a diákjainak spirituális hanyatlásához vezetett, akik nem voltak már képesek felfogni a spirituális világot, csak ennek a világnak felfogására maradtak képesek.

Amikor a diákok között megalapozatlan gyűlölet tört ki, újabb csapást szenvedtek. Járvány terjedt el közöttük, ami öt kivételével Akiva összes tanítványát megölte. A megmaradt öt azért élte túl, mert ők visszanyerték a testvéri szeretet érzékelését. A járvány egyik túlélője volt az az ember, aki folytatta Akiva rabbi tanítását, és írott formába öltötte azt. A neve Simon Bá -Joháj rabbi volt, aki később megírta a *Zohár könyvé*t.

Simon Bár Joháj rabbi (Rásbi)

Simon Bár Joháj rabbi (Rásbi) mentorán, Akiva rabbin keresztül háromezer évnyi felhalmozott spirituális tudást kapott – mindet olyan kabbalisták érték el, akik előtte éltek. Miután leírta, elrejtette, mert az emberiség nem volt felkészülve rá. Ma, jelentős kabbalisták révén, mint például Jehuda Áslág rabbi és a Vilna Gaon (GRA), már valóban készen állunk a *Zohár könyvének* feltárására.

Rásbi, a *Zohár könyvének* írója (*A Fényesség könyve*), egy Tana volt – a korai időszámításunk szerinti időszak nagy bölcse. Emellett Akiva rabbi közvetlen tanítványa is volt. Számos legenda ismert Rásbiról, akit a Talmud és a Midrás – ezen időszak szent héber szövegei – is sokszor említenek.

Rásbi Galileában született és nőtt fel. Szidónban élt (ősi föníciai város a mai Libanon területén), és Merónban (Észak-Izraelben), iskolát nyitott Nyugat-Galileában, nem messze Meróntól.

Már gyerekként is különbözött a kortársaitól. Olyan kérdések, mint „Mi az életem célja?", „Ki vagyok?" és „Hogyan épült fel a világ?" egyfolytában kísértették, követelték, hogy fedezze fel rájuk a válaszokat.

Azokban az időkben a galileai élet kíméletlen volt: a rómaiak, akik megölték tanítóját, Akiva rabbit, még mindig üldözték a zsidókat, folyamatosan új törvényeket alkotva, hogy büntethessék őket. Az egyik ilyen törvény megtiltotta, hogy a zsidók kabbalát tanuljanak.

A rómaiak tiltása ellenére azonban Rásbi belemerült a Kabbala-tanulmányokba, és megpróbálta megérteni annak bonyolult rendszerét. Úgy érezte, a bibliai történetek mélyén egy mély és rejtett értelmezés lapul, ami válaszokat ad örök kérdéseire.

Rásbi fokozatosan felismerte, hogy találnia kell egy tanárt, aki már bejárta a spirituális utat, tapasztalatot szerzett, és vezetni tudná őt felfelé a spirituális létrán. Ez arra késztette, hogy csatlakozzon Akiva rabbi csoportjához, és ez olyan döntés volt, ami fordulópont lett Rásbi életében.

TANULÓBÓL MENEKÜLTTÉ

Rásbi mohó, eltökélt diák volt, azzal a vággyal, hogy felfedezze a Felső Erőt. Tizenhárom évig tanult Akiva rabbival, és megszerezte a legmagasabb fokozatot a spirituális létrán.

A Ber-Kokheva felkelés a római irányítás ellen Izrael földjén váratlanul véget vetett Akiva rabbi iskolájának. Rásbi csatlakozott a felkeléshez, melynek egyik vezetője lett, aztán miután megtudta, hogy tanárát hogyan végezték ki, az ellenállása még szenvedélyesebb lett.

A Talmud egy helyen említi, hogy egyszer, amikor Rásbi a római uralom ellen beszélt, valaki véletlenül meghallotta, és értesítette a római hatóságokat. A rómaiak távollétében halálra ítélték Rásbit. De ahhoz, hogy kivégezhessék, előbb el is kellett volna fogniuk. A római császár embereket küldött, hogy keressék meg, de legnagyobb csalódásukra Rásbi látszólag teljesen eltűnt.

A PIQIINI BARLANG

A hagyománynak megfelelően Rásbi és fia Piqiinbe, egy északizraeli faluba menekültek, elrejtőztek egy barlangban, és beleásták magukat a Kabbala bölcseletének titkaiba, felfedezve a teremtés teljes rendszerét.

Tizenhárom, barlangban töltött év után Rásbi meghallotta, hogy a római császár meghalt. Végre megkönnyebbülten felsóhajthatott. Miután elhagyta a barlangot, Rásbi kilenc tanítványt hívott magához, és velük együtt egy másik kisebb barlangba ment, amit az Idra Raba néven (A Nagy Gyűlés) ismerünk. Ez a barlang nincs messze Merón városától. Segítségükkel megírta a *Zohár könyvé*t, a Kabbala legfontosabb könyvét.

Jehuda Áslág kabbalista úgy írta le Rásbit és a tanítványait, mint az egyedüli embereket, akik elérték a tökéletességet – a 125 fokozatot, ami teljesíti a lélek korrekcióját. Amikor befejezte a *Zohár könyvének* kommentárját, Áslág hálaadó étkezést tartott, hogy megünnepelje műve elkészültét. Ennél az ünneplésnél kijelentette, hogy „...a Messiás napjai előtt lehetetlen volt elérni mind a 125 fokozatot... kivéve Rásbinak és a tanítványainak, a *Zohár könyve* megíróinak. Őket a 125 fokozattal jutalmazták, még akkor is, ha a Messiás ideje előtt éltek."

Ezért van az, hogy gyakran írják a *Zohár könyvében*, hogy nem lesz olyan generáció, mint Rásbié volt, egészen a „Messiás király generációjáig" (addig az időig, amikor az egész emberiség korrigálva lesz). Ezért van az, hogy Simon rabbi műve ekkora jelet hagyott a világon, hiszen a spirituális titkok mind a 125 fokra vonatkoznak.

EGY A MILLIÓK KÖZÜL

Rásbi egyedi lélek volt, akinek az volt a feladata, hogy minden teremtményt segítsen kapcsolatba lépni a Felső Erővel. Ez a fajta lélek úgy jön a világunkba, hogy a legnagyobb kabbalisták alakját ölti fel. Mindenkor, amikor a lélek megjelenik, egy új spirituális fokra emeli az emberiséget, és jeleket hagy a Kabbala-könyveken keresztül, amik az elkövetkezendő generációkat szolgálják.

A *Zohár könyve* kétségtelenül egyike a világ leghíresebb fogalmazványainak. Több ezer történet témája volt, és habár majdhogynem kétezer éve írták, még mindig rejtély övezi ezt a könyvet. Olyan nagy vonzerővel bír, hogy – bár még a mi generációnkban is megfelelő magyarázat nélkül is teljesen érthetetlen a könyv – emberek milliói szorgalmasan kísérlik meg kikutatni a titkait.

> „Ez a fogalmazvány, amit a *Zohár könyvének* hív-
> nak, olyan, mint Noé bárkája: sokfajta létezett, de
> azok közül a családok közül csak azok tudtak létezni, akik
> beléptek a bárkába... Így az igaz belép a Fénybe, ami eb-
> ben a műben foglaltatik, és így a szöveg erénye, ami rög-
> tön megragadja... úgy húzza magához, mint ahogyan a
> mágnes vonzza a vasat. És belelép, hogy megmentse a lel-
> két és szellemét és a korrekcióját."
>
> Kook rabbi, *Or Jakar (Csillogó Fény)*

Luria Izsák (a Szent Ari) (1534–1572)

Mindössze másfél év alatt Luria Izsák (a Szent Ari) forradal-
masította a Kabbalát, és elérhetővé tette mindenki számára.
Korszaka óta a „Luriánus Kabbala" lett a leghangsúlyosabb
irányzat a Kabbala tanulmányozásában.

Az Ari, a 16. század legnagyobb Kabbalistája, *Száfed*-
ben élt egy városban, Rásbi falujához, Merónhoz közel.
Az Ari idejében Száfed híres volt a kabbalista lakosságá-
ról.

Az Ari életének története legendákkal és rejtélyekkel tar-
kított. Egy ilyen legenda az is, hogy amikor megszületett,
az apjának azt mondták, hogy a fia nagyságra született.
Az Ari hirtelen halála harmincnyolc éves korában – élete
derekán – a mai napig rejtélynek számít.

REJTÉLYEK ÉS LEGENDÁK EMBERE

Az Ari Jeruzsálemben született 1534-ben. Nyolcéves korá-
ban elvesztette édesapját, és ezután a családja nyomorban
élt. Kétségbeesésében az anyja Egyiptomba küldte a fiatal Izsá-

kot, hogy a bácsikájánál lakjon, ahol élete leghosszabb szakaszát töltötte.

Fiatal fiúként az Ari órákra, sőt napokra a szobájába zárta magát. Ennyire belemerült a *Zohár könyvé*be, és próbálta megérteni az összefüggéseket. Több monda szerint az Arit azzal jutalmazták, hogy „feltárult neki Illés" (ez egy egyedi spirituális feltárulkozás), és a *Zohár*t „tőle" tanulta meg. Az Ari számára a *Zohár könyve* jelentette az egész világot.

A 16. század kabbalista fővárosa, Száfed több gyakornokot vonzott közelről és távolról. Ráadásul Száfed nincs messze Meróntól, Simon Bar-Joháj rabbi temetkezési helyétől, és közvetlenül a környékén van Rásbi barlangjának, az Idra Rábának.

1570-ben kemény tél köszöntött Egyiptomra. A szakadó esők hatalmas szökőárakat okoztak, és egész falvak kerültek sár és víz alá.

Egyik legenda úgy szól, hogy Illés próféta ennek a télnek egyik legviharosabb éjjelén meglátogatta az Arit, és azt mondta neki: „Közel van a véged. Hagyd el ezt a helyet; vidd a családodat, és menj Száfed városába, ahol lelkesen várni fognak benneteket. Ott, Száfedben megtalálod a tanítványod, Chaim Vitalt. Át fogod adni a bölcsességed neki, felkened őt, és el fogja foglalni a helyedet."

Így a tél végeztével az Ari Száfedbe ment, Izrael földjére. Harminchat éves volt ekkor, és már csak két év volt hátra az életéből.

FELKÉSZÜLÉS A FELTÁRULKOZÁSRA

A kabbalisták az Ari előtt 1500 évig rejtve tartották a Kabbala tudományát, mióta Rashbi elzárta a *Zohár könyvé*t. Felkeltek éjfélkor, meggyújtottak egy gyertyát, és becsukták az ablakokat, hogy ne hallatsszon ki, amit beszélnek. És akkor tiszteletteljesen kinyitották a Kabbala-könyveket és beléjük merültek, arra törekedve, hogy felfogják annak rejtett igazságait. A kabbalisták vonakodtak tőle, hogy publikálják a műveiket, mert attól tartottak, hogy félreértik őket. A *Zohár könyve* kijelentette, hogy fel fog bukkanni újra, amikor a generáció készen áll, és az Ari idején úgy érezték a kabbalisták, hogy még nincs itt az idő erre.

Az emberiség több évszázadig várt a helyes útmutatásra, ami megnyitja a Kabbala kapuit a nyilvánosság felé. Végül az Ari megérkezése Száfedbe, és ezt követően a *Zohár könyvének* feltárása a nyilvánosság számára azt mutatta, hogy végül eljött az ideje bevezetni a világot a Kabbala titkaiba.

Az Ari ideje alatt kíváncsiságtól hajtva többen, akik egyébként egymással nem álltak közvetlen kapcsolatban – különösen művészek és intellektuális emberek – erősen érdeklődni kezdtek a Kabbala iránt. Egyikük Giovanni Pico della Mirandola (1463–1494), egy olasz tudós volt. Könyve, aminek a címe: *Konklúziók*, a következő állítást tartalmazza: „Ez az igaz értelmezése a törvénynek... amit Mózes tart fel a Kabbala isteni hagyományában... ami a zsidók számára ugyanaz, mint számunkra a 'megszerzés'."

Nehéz eltúlozni az Ari fontosságát és szellemi kaliberét. Pusztán tizennyolc hónap alatt hatalmas nyomot hagyott a kabbalista gondolkodás történetében és a tanítási módszerekben. Tanításai a spirituális gondolkodásnak új, rendszerbe foglalt bemutatását vezették be. Az Ari módszerét használva a mai, tudományos korban is bárki elérheti, amit csak egy kevés kiválasztott tudott elérni azelőtt.

Az Ari könyvei között az *Élet fája* talán a legfontosabb mű. Ez a könyv tiszta és egyszerű stílusban mutatja be az Ari tanításait. Az évek során az *Élet fája* az egyik leglényegesebb szöveg lett a Kabbalában, a második a *Zohár könyve* után.

Az Ari harmincnyolc évesen ment el, miután megbetegedett egy járványban, ami 1572 nyarán pusztított. Az ő tevékenysége egy új korszak elkövetkeztének előszele volt. Nemcsak egyike volt a legnagyobb kabbalistáknak, de ő volt az első, aki „engedélyt kapott Felülről", hogy feltárja a Kabbala bölcseletét a világ számára. A képessége, hogy átváltoztassa a Kabbalát egy módszerről, ami választott kevesek számára szólt egy olyan módszerré, ami mindenki számára szól, korszakok spirituális óriásává tette őt. Ma több lélek áll készen a spirituális felemelkedésre, és hogy meg is tegyék azt, szükségük van rá, hogy megtanulják a módszerét, a Luriánus Kabbalát.

Jehuda Leib HaLevi Áslág rabbi (Baál HaSzulám) (1884–1954)

Jehuda Áslág rabbit jobban ismerjük a Baál HaSzulám néven (A Létra Birtokosa), amit a *Szulám* (Létra) című *Zohár*-kommentárjáért kapott. Baál HaSzulám egész életét a Kabbala bölcseletének magyarázatával töltötte, fejlesztve és terjesztve azt Izraelben és az egész világon. Újrafogalmazta Ari Luriánus Kabbaláját a mi generációnk számára, és ezt megtéve mindenki számára lehetővé tette, hogy tanulmányozza a valóság gyökereit, amiben élünk, és így végső célt találjon az életben.

Mivel Baál HaSzulám akkor született, amikor a világ készen állt arra, hogy tudomást vegyen a Kabbaláról, az írásai világos, „multinacionális" nyelvezetben íródtak. Még jóval azelőtt, hogy mások számára nyilvánvaló lett volna, megjósolt olyan folyamatokat, mint az orosz kommunizmus bukása vagy a globalizáció, és az emberiség spirituális korrekciójával kapcsolatban mutatta be őket.

Baál HaSzulám Varsóban, Lengyelországban született, és Jehosua Porsov rabbitól tanult Kabbalát. 1921-ben Izraelbe emigrált a családjával (amit akkoriban Palesztinának hívtak), és Jeruzsálem régi városrészében telepedett le.

Érkezésének híre gyorsan elterjedt a városban, és hamarosan ismert lett arról, hogy járatos a Kabbalában. Fokozatosan tanítványok kezdtek köré csoportosulni, és az éjszaka rövid óráiban érkeztek hozzá, hogy Kabbalát tanuljanak tőle. Később Baál HaSzulám elköltözött Jeruzsálem régi városrészéből, és másik jeruzsálemi környékre költözött, Givat Shaulba, ahol több évig a városrész rabbijaként szolgált.

FŐ MŰVEI

Két alapvető műve, sok évi munka gyümölcse *A Tíz Szfira Tanulmánya*, ami az Ari írásain alapul és *A Zohár könyve a Szulám (Létra) kommentárral*. A tizenhat részes publikáció, aminek az a címe, hogy *A Tíz Szfira Tanulmánya*, 1937-ben kezdődött. *A Zohár könyve a Szulám kommentárral* tizennyolc részben került publikálásra 1945 és 1953 között. Ezután Baál HaSzulám további három részt írt, amit ő úgy hívott: *Az új Zohár*. A későbbi magyarázat publikálására csak 1955-ben került sor, a halála után.

A *Zohár könyvé*hez fűzött kommentárjának bevezetőjében elmagyarázza, miért hívja azt „Létrának". „Azért hívtam a magyarázatomat *Szulám*nak (Létrának), hogy megmutassam, az a szerepe a kommentáromnak, mint ami egy létra szerepe: ha van egy padlásotok isteni dolgokkal feltöltve, szükségetek van egy létrára, hogy felmásszatok oda, és a világ összes java a kezeitekben lesz."

Baál HaSzulám számos bevezetést írt, ami bevezeti a tanítványt a Kabbala szövegek hatékony tanulmányozásába, és letisztítja a tanulási módszert. Ilyen bevezetők többek között „Előszó a Zohár könyvéhez", „Bevezetés a Zohár könyvéhez", „Előszó a Kabbala tudományához" „Előszó a Szulám kommentárhoz", „Általános előszó az Élet Fájához" és „Bevezetés a Tíz Szfira Tanulmányához".

1940-ben Baál HaSzulám kiadta az újságát, amit úgy hívott: *A Nemzet*. Utolsó éveiben megírta az *Utolsó generáció irományait*, amelyekben különféle kormányzási típusokat elemzett, és pontos leírást adott arra, hogyan épüljön fel a kijavított társadalom a jövőben.

A SZÓ TERJESZTÉSE

Baál HaSzulám nem elégedett meg pusztán azzal, hogy leírta a gondolatait. Ehelyett azon fáradozott, hogy elősegítse azok terjedését. Erőfeszítései részeként Izrael olyan elöljáró alakjaival találkozott, mint David Ben Gurion, Chaim Nachman Bialik, Zalman Shazar és mások.

David Ben Gurion, Izrael első miniszterelnöke azt írta a naplójában, hogy többször találkozott Baál HaSzulámmal, és hogy ezek a találkozók meglepték őt, mert ahogy megjegyezte: „én szerettem volna vele a Kabbaláról beszélni, ő azonban a szocializmusról akart".

„Valóban, már olyan fokra érkeztünk el, hogy az egész világ egyetlen kollektív társadalmat alkot. Ez azt jelenti, hogy minden egyes ember a világban az életének velejét szívja, és a megélhetése minden embertől függ a világon, és arra kényszerül, hogy az egész világ jólétével törődjön. ... A lehetőség, hogy jót tegyünk, boldogok legyünk és békében éljünk, elképzelhetetlennek tűnik,

ha nem az összes országban valósul meg a világon."
Baál HaSzulám, „Béke a világon"

Kivonat a *Hárec* újságból, ami 2004. december 16-án jelent meg: „Egy napon a kora 1950-es évek Jeruzsálemében, Slomo Soham, a későbbi Izrael-díjas író és kriminológus elindult felkeresni Jehuda Áslág rabbit. … Áslág ez idő tájt szerette volna megjelentetni a *Haszulámo*t (szó szerint: a Létra), az ő héber fordítását és kommentárját a *Zohár könyvé*hez… Amikor csak összegyűjtött egy kis pénzt kisebb adományokból, kinyomtatta a *Haszulám* részeit."

„Állva találtam egy omladozó épületben, ami majdhogynem egy kunyhó volt, ami helyet adott egy öreg nyomdának. Nem engedhette meg magának, hogy betűszedőt fizessen, és saját maga szedte a betűket, betűről betűre, a nyomda felett állva órákig, annak ellenére, hogy már a késő hatvanas éveit taposta. Áslág tényleg *Cádik* volt (igaz ember) – egy alázatos ember, ragyogó arccal. De abszolút mellőzött alak volt, és szörnyen szegény. Később hallottam, hogy olyan sok időt töltött betűszedéssel, hogy az ólom, amit a nyomtatási folyamat során használtak, lerontotta az egészségét."

Több mint fél évszázad kellett hozzá, hogy felismerjék a nagyságát, de ma nagyon ismertek az eredményei. Az elmúlt években a tanításai olyan nagy figyelmet kaptak, hogy tanítványok százai, ezrei tanulmányozzák a műveit, amit több különböző nyelvre fordítottak le. Most aki tényleg fel szeretne mászni a spirituális létrán, az könnyen megteheti azt.

Baál HaSzulám lenyűgöző és összetett egyéniség volt, nyitott gondolkodású és jól képzett. Nagyon foglalkoztatták a globális történések, ugyanúgy, ahogy azok az események is, amik Izraelben történtek, ahol ő élt. A nézeteit forradalminak tekintjük és messzire hatónak – a bátor hangvétele okán – még manapság is.

Baál HaSzulám 1954-ben hunyt el, de a gondolatait állandóvá tette örököse, elsőszülött fia, Baruch Shalom Áslág rabbi.

II. rész

A Kabbala bölcselete
(annak lényege)

Ahogyan azt az I. rész bevezetőjében írtuk, a valóság egy belső ügy, a belső tapasztalataink tükörképe. Ezek a tapasztalatok „kivetítik" magukat a tudatunkra, ahogyan az egy mozivásznon szokott lenni, tehát azt gondoljuk, hogy valami igaz. A második rész ezeknek a képeknek az eredetére összpontosít, és annak céljára az életünkben.

3. A teremtés eredete

Most, hogy megállapítottuk a Kabbala-tanulmányok fontosságát, itt az ideje megtanulni néhány alapgondolatát. Még ha a könyv terjedelme nem is engedi meg, hogy átfogó tanulmányt írjunk a spirituális világokról, ennek a fejezetnek a végén egy erős alappal fog az olvasó rendelkezni a folytatáshoz, és erre lehet építeni a mélyebb Kabbala-tanulmányokat.

A Spirituális Világok

A teremtés teljesen az öröm megszerzésének a vágyából áll. Ez a vágy négy fázison keresztül fejlődött, ezek közül az utolsót hívjuk „teremtménynek". A vágy fejlődésének ez a mintaszerkezete az alapja mindennek, ami létezik.

Az 1. ábra megmutatja a teremtmény születésének öt állomását. Ha ezt a folyamatot történetként kezeljük, az segít emlékezni rá, hogy a rajzok érzelmi változásokat írnak le, nem helyeket vagy tárgyakat.

A Teremtés gondolata

Mielőtt bármi is teremtve lett volna, ki kellett hogy gondolják, megtervezzék azt. Ebben az esetben a Teremtésről beszélünk, és a gondolatról, ami létrehozta a Teremtést. Ezt a „Teremtés gondolatának" nevezzük.

Az első fejezetben kimondtuk, hogy Ábrahám – aki felfedezte a Kabbala bölcseletét és ez első terjesztője volt – felfedezte, hogy az univerzum a szeretet és adakozás erejének „engedelmeskedik". Mivel rájött, hogy ez az erő volt az, ami minden életet megteremtett, „Teremtőnek" nevezte el. Ezért a Kabbalában a „Természet" kifejezés kicserélhető a „Teremtő" kifejezéssel. Ő azt is mondta, hogy a Teremtő szándéka, hogy egy különleges fajta ajándékot adjon nekünk: hogy hozzá hasonlatossá váljunk. Mivel Övé a legtökéletesebb, mindenható, mindentudó állapot, ami létezhet, és mivel Ő a szeretet ereje, Ő a legjobbat akarja adni nekünk: Önmagát.

Az 1. ábra leírja a Teremtés gondolatát, mint egy vágyat, hogy élvezetet adjon („Fénynek" hívják) a teremtményeknek. Ez a Teremtés gyökere is, ahol minden élet elkezdődött, a miénk is.

A kabbalisták a *Kli* (edény) kifejezést használják, hogy leírják a vágyat, hogy megkapjuk az élvezetet, a Fényt. Az edény a spirituális érzék, az eszköz, ami felfogja a Teremtőt. Most már láthatjuk, hogy miért hívják a kabbalisták a bölcseletüket a „Kabbala bölcseletének" (a megszerzés bölcseletének).

Annak is jó oka van, miért hívják a kabbalisták az élvezetet „Fénynek". Amikor a *Kli* – egy teremtmény, egy személy – érzi a Teremtőt, ez egy nagy bölcsesség megtapasztalását jelenti, ami egy személyben keletkezik. Amikor ez történik velünk, rájövünk, hogy az újonnan testet öltött bölcsesség mindig ott volt, csak elrejtve. Olyan ez, mintha az éjszaka sötétje napfénnyé változna és a láthatatlan láthatóvá válna. Mivel a Fény tudást hoz magával, a kabbalisták ezt a „Bölcsesség Fényének" hívták, és a módszer, hogy ezt megkapjuk, a „Kabbala bölcselete".

A NÉGY ALAPFÁZIS (ÉS A GYÖKERÜK)

Menjünk vissza a Teremtés történetéhez. Ahhoz, hogy a Teremtés gondolatát gyakorlatba ültesse, a Teremtő egy olyan Teremtményt tervezett, ami különösképpen az élvezetet akarja megkapni abból, hogy a Teremtővel akar azonosulni. Ha te egy szülő vagy, tudod, hogy ez milyen érzés. Milyen jobb bókot tudunk mondani egy apának annál, hogy „a fiad kiköpött képmásod!"?

Ahogy most mondtuk, a Teremtés gondolata – hogy örömöt adjon a Teremtménynek – a Teremtés gyökere. Ebből az okból a Teremtés gondolatát hívjuk a „Gyökér fázisnak", vagy „Nullás állapotnak". A vágy, hogy megkapja az élvezetet, az „Első fázis".

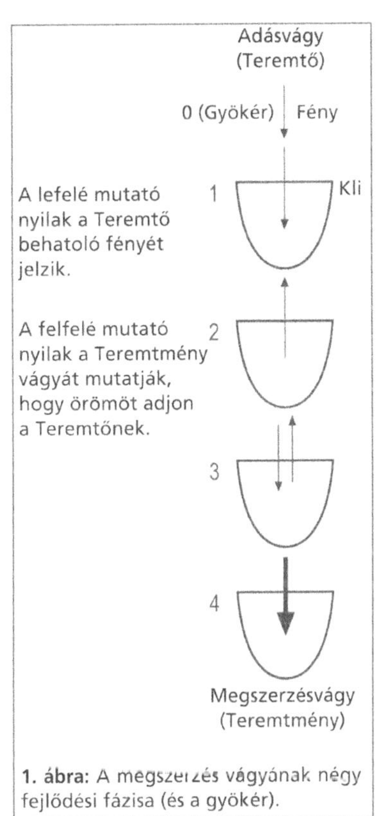

1. ábra: A megszerzés vágyának négy fejlődési fázisa (és a gyökér).

Jegyezzük meg, hogy a Nullás állapot lefelé mutató nyilat jelez. Amikor egy nyíl lefelé mutat, ez azt jelenti, hogy a Fény a Teremtőtől a Teremtményhez érkezik. Az ellentéte azonban nem igaz: egy felfelé mutató nyíl nem jelenti azt, hogy a Teremtmény Fényt ad a Teremtőnek, de azt mutatja, hogy *szeretne* visszaadni neki. Mi történik, ha két nyíl mutat ellenkező irányba? Folytasd az olvasást, és ki fog derülni.

A kabbalisták úgy hivatkoznak a Teremtőre, mint „az adományozás szándékára", és a teremtményre mint „a vágyra, hogy örömöt és élvezetet kapjon", vagy egyszerűen „megszerzésvágyként". Később beszélni fogunk a Teremtő felfogásáról, de ennél a pontnál az a fontos, hogy a kabbalisták elmondják, amit *ők* figyelnek meg. Nem mondják el nekünk, hogy a Teremtőnek van egy adásvágya; ők azt mondják, hogy látják, hogy a Teremtőnek adásvágya van, és ezért hívják Őt „az adományozás szándékának". Mivel szintén felfedezték magukban a vágyat a megszerzés iránt, így önmagukat „megszerzésvágynak" nevezték el.

Tehát a megszerzésvágy az első teremtmény, minden egyes teremtmény gyökere. Amikor a teremtmény, a megszerzésvágy érzi, hogy az élvezet egy adótól jön, ő úgy érzékeli, hogy a valódi élvezet az adásban van, és nem a megszerzésben. Ennek eredményeként a megszerzésvágy szeretne adni (vegyük észre a nyilat, ami a második *Kliből* – az edényből a rajzon mutat kifelé). Ez egy egészen új fázis – a Második fázis.

A Kabbalában az adó fokozat férfinak tekintendő, és a kapó fokozat nőnek. Minden fokon vannak állapotok, amik férfiként és nőként viselkednek; ezért néha egy bizonyos fokra férfiként hivatkozunk, és néha nőként, még ugyanazon a bekezdésen belül is. A két kivétel ez alól a Teremtő szerepe, aki mindig férfi, mert ő a forrás, és a Teremtmény, aki mindig nő, mivel Őtőle kap.

Vizsgáljuk meg, mi különbözteti meg a Második fázist az Első fázistól. Ha megnézzük az 1. ábrát, látni fogjuk, hogy a *Kli* maga nem változik a fázisok során. Ez azt jelenti, hogy a megszerzésvágy változatlan. Mivel a megszerzésvágy a Teremtés gondolatában lett megtervezve, ez örökkévaló és sosem változik.

Ami viszont változik, az, hogy mit szeretne a *Kli* kapni. A Második fázisban a megszerzésvágy szeretne élvezetet nyerni az *adakozásból*, nem a megszerzésből, és ez alapvető változás. Az alapvető változás az, hogy a Második fázisban szükség van egy másik lényre, akinek adni tud. Ennélfogva, hogy adó legyen, a Második fázisnak pozitívan kell viszonyulnia valakihez vagy valamihez önmagán kívül.

A Második fázis, aminek erői arra kényszerítenek minket, hogy adjunk az alapvető megszerzésvágyunk ellenére, teszi lehetővé az életet. Enélkül a szülők nem törődnének a gyerekükkel, és a szociális élet lehetetlen volna. Például ha éttermem lenne, az alapvető vágyam az volna, hogy pénzt csináljak. De hogy ezt megtegyem, idegeneket etetnék, akikkel nem igazán akarok jót tenni. Ugyanez igaz bankárokra, eladókra és még taxisofőrökre is.

Most már láthatjuk, miért az altruizmus és az adás a Természet törvénye, nem pedig a megszerzés, bár a megszerzésvágy adja az alapját minden teremtmény motivációjának, ahogy a Teremtés gondolata azt meghatározza. Attól a perctől fogva, hogy megszerzésvágy és adásvágy is létezik a Teremtményen belül, minden, ami vele történik, a kölcsönösségből fakad, az Első és Második fázis közötti kapcsolatból.

Mivel a megszerzésvágy ellentétes a Teremtő adományozó akaratával, ez az, ami megkülönböztet és elválaszt minket a Teremtőtől. De a Teremtő nem csak a Tőle való ellentétességre teremtett minket; adott nekünk egy módot, hogy áthidaljuk a réseket, és ez az, amit a Kabbala bölcseletében megtanulunk.

Ahogy most megmutattuk, az új adásvágy a Második fázisban arra kényszeríti a Teremtményt, hogy kommunikáljon, hogy megtaláljon valakit, akinek arra van szüksége, hogy kapjon. Ennélfogva a Második fázis elkezdi megvizsgálni, mit és hogyan adhat a Teremtőnek. Végül is ki másnak tudna adni?

De amikor a Második fázis valójában megpróbál adni, felfedezi, hogy minden, amit a Teremtő akar, csupán adás. Teljesen hiányzik belőle a megszerzés vágya. Ezenkívül mit tud adni a Teremtmény a Teremtőnek?

Sőt mi több, a Második fázis felfedezi, hogy a magjában, a valódi vágya az, hogy kapjon. Felfedezi, hogy a gyökér lényegében egy szándék, hogy örömöt kapjon és élvezetet, és nincs egy unciányi igazi vágy sem az adakozásra őbenne.

Viszont mivel a Teremtő csak adni akar, a Teremtmény megszerzésvágya pontosan az a dolog, amit *adhat* a Teremtőnek. A megszerzéssel a Teremtmény felfedezi, hogy örömöt ad a Teremtőnek, mivel az adás az, ami Neki örömöt okoz.

Ez bonyolultnak hangozhat, de ha arra gondolunk, hogy milyen élvezetet nyer az anya, ha táplálja a gyermekét, rá fogunk jönni, hogy a baba úgy ad örömöt az anyjának, hogy egyszerűen elfogadja a táplálást.

Ezért a Harmadik fázisban, a Teremtmény – a megszerzésvágy – azt *választja*, hogy kapjon. Ezen keresztül ad vissza a Gyökér állapotnak, a Teremtőnek.

Most teljes körünk van, amikor mindkét játékos adó. A Nullás fázisban a Teremtő ad a Teremtménynek (Első fázis). És a Harmadik fázisban a Teremtmény – mivel átment ez Első és Második fázison – úgy ad vissza a Teremtőnek, hogy kap Tőle.

Az 1. ábrán a Harmadik fázist úgy ábrázoltuk, mint két nyíl, egyik felfelé mutat, a másik lefelé. A lefelé mutató nyíl azt mutatja, hogy a Harmadik fázis kap, ahogyan az az Első fázisban is volt, a másik nyíl pedig azt mutatja, hogy a szándéka az, hogy adjon, mint a Második fázisban.

Még egyszer, mindegyik cselekedet ugyanazt a megszerzésvágyat használja, mint ami az Első és a Második fázisban volt. Ez egyáltalán nem változik. Mi változik a szándékban, amivel a Harmadik fázis kap: az Első fázisban úgy kap, hogy nem is gondol rá, de a Harmadik fázisban azért kap, hogy ezzel örömöt adjon a Teremtőnek.

Ahogyan azt már láttuk, az egoista szándékaink az oka minden problémának a világban. Itt is, a Teremtés gyökerénél, a szándék fontosabb, mint a cselekedet maga. Hogy szemléltesse ezt a hierarchiát, Baál HaSzulám képletesen azt mondja, hogy a Harmadik fázis tíz százalék megszerzés, és kilencven százalék adás.

NEGYEDIK FÁZIS
– VÁGYAKOZÁS A TEREMTŐ ELMÉJÉRE

Most úgy tűnik, tökéletes körünk van, ahol a Teremtőnek sikerült önmagához teljesen hasonlatos teremtményt létrehoznia – egy adakozót. Sőt mi több, a Teremtmény élvezi ezt az adást, és így örömmel tölti el a Teremtőt.

De ez teljessé teszi a Teremtés gondolatát? Nem egészen. Abban az értelemben elmondhatjuk a Teremtményről, hogy tudja járni az Ő útját, beszélni az Ő beszédét, de nem tudja gondolni az Ő gondolatát. A megszerzés cselekedete (az Első fázisban) és annak megértése, hogy a Teremtő kizárólagos akarata, hogy adjon (a Második fázis), arra veszi rá a Teremtményt, hogy *akarjon* a Teremtő állapotában lenni, ami a Harmadik fázis.

De az, hogy adó lett, mint a Teremtő, nem jelenti, hogy a Teremtmény elérte a Teremtő állapotát. Hogy teljessé tegye a Teremtés gondolatát, a Teremtő *gondolatát* kell elérnie, nem csak a cselekedeteit. Ilyen állapotban megérteni, *miért* alkotta meg őt a Teremtő. Valójában a vágy, hogy megértse a Teremtés gondolatát, egy teljesen új fázis. Az egyetlen dolog, amihez ezt hasonlítani tudjuk az, amikor egy gyerek olyan erős és bölcs akar lenni, mint a szülei. Ösztönösen tudjuk, hogy ez csak akkor lehetséges, ha a gyermek felnő és a szülei cipőjébe lép. Ezért mondják gyakran a szülei a gyereknek, „Várj, amíg majd lesznek saját gyerekeid; akkor meg fogod érteni."

A Kabbalában a Teremtés gondolatának megértését – a megértés legmélyebb szintjét – elérésnek hívjuk. Ez az, amiért könyörgünk a Negyedik fázisban.

A vágy, hogy elérjük a Teremtés gondolatát, a legerősebb erő a Teremtésben. A fejlődés (evolúció) teljes folyamata mögött ez áll. Akár tudatában vagyunk, akár nem, a végső tudás, amit keresünk, az, hogy megértsük, miért teszi azt a Teremtő, amit tesz. Ez ugyanaz a hajtóerő, ami a kabbalistákat évezredekkel ezelőtt afelé vitte, hogy megértsék a Teremtés titkait. Ameddig nem értjük meg, nem lesz szellemi békénk.

A Kabbala egyik leggyakoribb kifejezése a *Szfira*. A szó a héber *Sapir* (zafír) szóból származik, és minden *Szfira* saját fénnyel rendelkezik. Ugyanígy a négy fázis mindegyikét egy vagy több *Szfira* után nevezték el. A Nullás fázis neve *Keter*, az Első fázis a *Hohma*, a Második fázis a *Bina*, a harmadik fázis a *Zeir Anpin*, és a Negyedik fázis a *Malhut*. Valójában tíz *Szfira* van, mert a *Zeir Anpin* hat *Szfirából* áll: *Heszed, Gvura, Tiferet, Necah, Hod* és *Jeszod*. Ennélfogva a *Szfirák* teljes listája: *Keter, Hohma, Bina, Heszed, Gvura, Tiferet, Necah, Hod, Jeszod* és *Malhut*.

A küldetés a Teremtés gondolatáért

Bár a Teremtő azt szeretné, hogy örömünk legyen abból, hogy azonosak vagyunk Ővele, nem adta meg nekünk ezt a vágyat a kezdetekkor. Minden, amit adott nekünk – a Teremtménynek –, egy végtelen sóvárgás az örömre. Viszont ahogyan láthatjuk a fázisok folyamatán keresztül, a Teremtő nem adott neki egy külön vágyat, hogy hozzá hasonlóvá akarjon válni. Ez a fázisokon keresztül fejlődött ki benne.

A Harmadik fázisban a Teremtmény mindent megkapott és vissza akart adni a Teremtőnek. A folyamat itt és most véget is érhetett volna, mivel már azt csinálta, amit a Teremtő is csinált – adott. Ebben az értelemben a Teremtmény és a Teremtő azonos volt.

De a Teremtmény nem maradt az adás mellett. Meg akarta érteni, mi teszi örömforrássá az adást, miért volt szükség adó erőre, hogy megteremtődjön a valóság, milyen bölcsességre tesz szert az adó az adás által. Röviden, a Teremtmény meg akarta érteni a Teremtés Gondolatát. Ez az új sóvárgás az, amit a Teremtő nem „ültetett el" benne.

Amikor a Teremtmény kifejlesztette a vágyat, hogy hasonló legyen a Teremtőhöz, eltávolodott és elvált Őtőle. Így is tekinthetjük ezt: ha hasonlóvá akarok válni valakihez, az szükségszerűen azt jelenti, hogy tudatában vagyok, hogy az a valaki létezik, és az a valaki az valami, amit szeretnék. Ez lehet egy személy tulajdona vagy tulajdonsága; lényeg, hogy van valami, amit a másik birtokol, és amit én is szeretnék birtokolni.

Ilyen állapotban nemcsak azt veszem észre, hogy van valaki rajtam kívül, hanem felismerem, hogy az a valaki nemcsak *különböző* tőlem, hanem *jobb* nálam. Egyébként miért szeretnék hasonlóvá válni őhozzá?

Ennélfogva a *Malhut*, a Negyedik fázis, nagyon különbözik az első három fázistól, mert egy különleges fajta élvezethez akar jutni (ezért a vastagabb nyíl) – azonos szeretne lenni a Teremtővel. A Teremtő szemszögéből a *Malhut* vágya teljesíti a Teremtés gondolatát, a kört, amire eredetileg gondolt (2. ábra).

Ahogyan a 2. ábra mutatja, a Teremtés gondolatának elérése a saját gyökerénél magasabb állapotba fogja emelni a *Malhut*ot (Teremtményt), magasabb helyre, mint a Forrás, ami megteremtette őt. Egyszerűen mondva a Teremtő szintjére emeli a *Malhut*ot, és azonossá teszi Őhozzá.

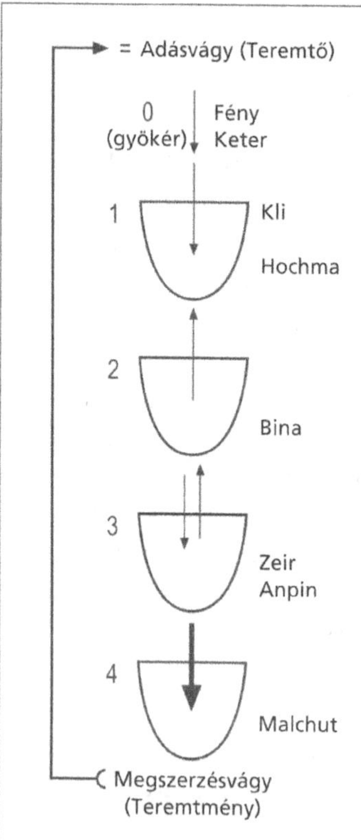

2. ábra: A nyíl a *Malhut*ból a Teremtő felé a *Malhut* fókuszált vágyát jelenti, hogy legyen a Teremtőhöz hasonló azzal, hogy megszerzi a Gondolatát.

De sajnos nem a Teremtő szemszögéből tekintünk a dolgokra. Innen lentről – az eltörött spirituális szemüvegünkkel – a kép kevesebb mint ideális. A Teremtménynek megfelelően, aki teljesen ellentétes a Teremtővel, annak – hogy a Teremtővel hasonlóvá váljon – a megszerzésvágyát az *adakozás* szándékával kell használnia. Ezt megcselekedve, a saját örömének fókuszát arra az örömre változtatja, amit a Teremtő kap az adásból. És ezt megtéve ő is adakozóvá válik.

Valójában a Harmadik fázisban a Teremtmény már elérte, hogy adjon a Teremtőnek. Tehát a Teremtő nézőpontjából a Harmadik fázis már teljesítette annak a feladatát, hogy azonos legyen a Teremtővel. A Teremtő az adakozás miatt ad, és a Harmadik fázis is az adakozás miatt ad, tehát ilyen értelemben ugyanolyanok.

De a végső élvezet nem abban van, hogy tudjuk, mit tesz a Teremtő, és utánozzuk a cselekedeteit. A végső élvezet abban van, hogy tudjuk, *miért* teszi azt, amit tesz, ugyanazon gondolatok elérésével, ami az Övé, és ugyanolyan természet elérésével. És ez a tudás – a Teremtő természete – nem adott a Teremtmény számára. Ez az, amit a Teremtménynek (a Negyedik fázisnak) egyedül kell elérnie.

Van itt egy csodálatos kapcsolat. Egyfelől úgy látszik, hogy mi (Teremtmény) és a Teremtő az udvar ellentétes oldalán állunk, mert megkapjuk, amit Ő ad. De valójában számára a legnagyobb örömöt jelenti látni minket Őhozzá hasonlóvá válni. Ugyanígy minden gyermek szeretne olyanná válni, mint a szülei, és minden szülő természetesen szeretné, ha a gyermeke megvalósítaná azokat a dolgokat, amit a szülő nem valósított meg.

Ennélfogva mi és a Teremtő valójában ugyanazért a célért küzdünk! Ha meg tudnánk érteni ezt a fogalmat, az életünk nagyon, nagyon más lenne. Az összezavarodottság és az eltévelyedettség helyett – amit oly sokan tapasztalnak manapság – mi és a Teremtő együtt vágtáznánk a vágyott cél felé, a Teremtés hajnala óta.

A kabbalisták nagyon sok kifejezést használnak arra, hogy leírják az „adásvágyat": Teremtőt, Adót, Teremtés gondolatát, Nullás fázist, Gyökeret, Gyökér fázist, *Ketert*, *Binát* és sok másikat. Ugyanígy sok kifejezést használnak arra, hogy leírják a „megszerzésvágyat": Teremtmény, *Kli*, kapók, Első fázis, *Hohma* és *Malhut* csak egy kevés közülük. Ezek a kifejezések a finom eltérésekre utalnak a két jellegzetességben – az adományozásban és a megszerzésben. Ha emlékezünk erre, nem zavar bennünket össze a sok név.

Ahhoz, hogy a Teremtőhöz hasonlóvá – adóvá – váljon, a *Kli*nek két dolgot kell tennie. Először abba kell hagynia a meg-

szerzést, egy cselekedeten keresztül, amit *Cimcum*nak (meg-
szorítás) hívunk. Teljesen megállítja a Fényt, és nem enged
belőle semmit a *Kli*be. Ugyanígy, könnyebb enni valami fino-
mat, de egészségtelent, mint csak egy keveset enni, és a töb-
bit a tányéron hagyni. Ennélfogva a *Cimcum* cselekedete után
az első és a legkönnyebb lépés a Teremtőhöz hasonlóvá válni.
A képességet, hogy *Cimcum*ot csináljunk, a „*Maszah* (ernyő)
megszerzésének" nevezzük. A 3. ábra megmutatja, hogyan
jelenik meg a Teremtő Fénye a *Kli* számára, de veri azt visz-
sza a *Maszah*.

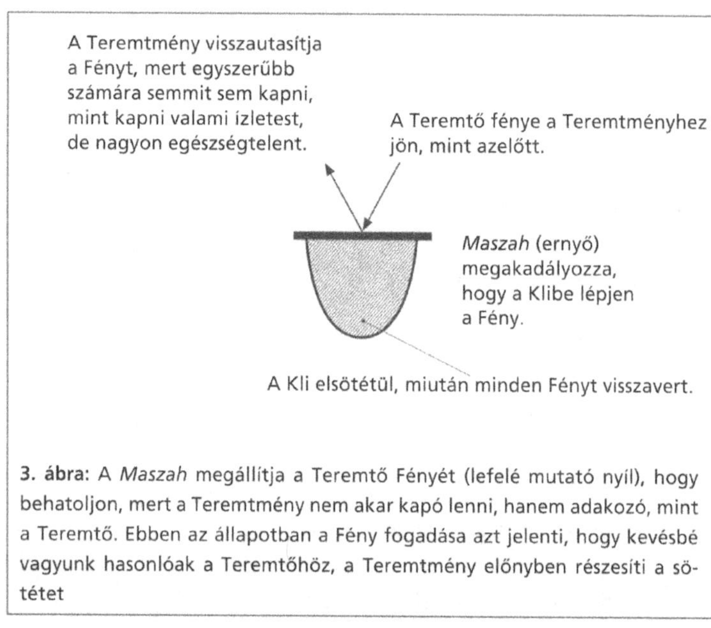

3. ábra: A *Maszah* megállítja a Teremtő Fényét (lefelé mutató nyíl), hogy
behatoljon, mert a Teremtmény nem akar kapó lenni, hanem adakozó, mint
a Teremtő. Ebben az állapotban a Fény fogadása azt jelenti, hogy kevésbé
vagyunk hasonlóak a Teremtőhöz, a Teremtmény előnyben részesíti a sö-
tétet

A következő dolog, amit a *Malhut* csinál, hogy olyan rend-
szert épít ki, ami megvizsgálja a Fényt (élvezetet), és eldönti,
hogy meg akarja-e kapni, és ha igen, mennyire. Ez a rendszer
a *Maszah* (ernyő) fejlesztése.

A feltételt, ami alapján a *Maszah* meghatározza, hogy mennyit kapjon, „az adakozás céljának" hívjuk. Egyszerűen kifejezve a *Kli* csak annyit vesz el, amennyit úgy tud megkapni, hogy örömöt adjon vele a Teremtőnek, vagy ahogy a kabbalisták mondják: „az adás érdekében" (4. ábra). A Fény, ami a *Kli*be jut, az a „Belső Fény", a Fény, ami odakint marad, az pedig a „Körülölelő Fény".

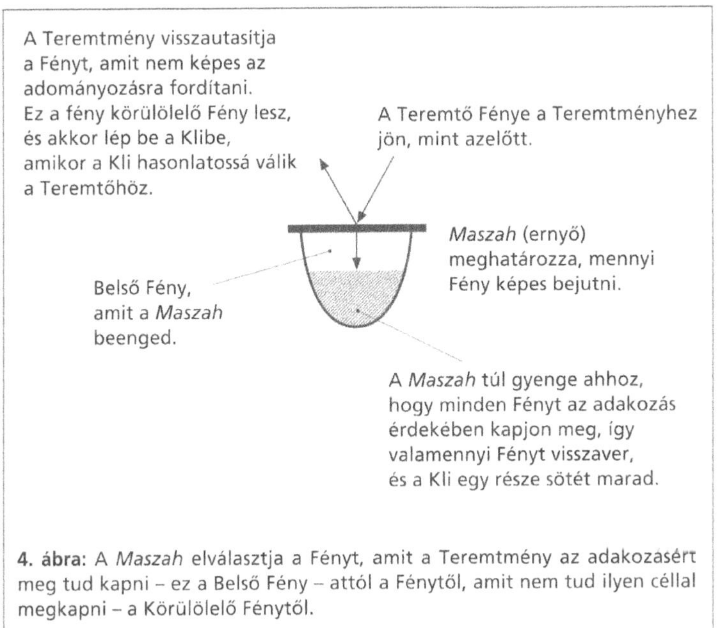

4. ábra: A *Maszah* elválasztja a Fényt, amit a Teremtmény az adakozásért meg tud kapni – ez a Belső Fény – attól a Fénytől, amit nem tud ilyen céllal megkapni – a Körülölelő Fénytől.

A korrekciós folyamat végén a *Kli* a Teremtő összes Fényét meg fogja kapni, és egyesülni fog Vele. Ez a Teremtés célja. Amikor elérjük ezt az állapotot, egyszerre fogjuk magunkat egyéneknek és egy egyesült közösség részének érezni. Ez azért van így, mert a teljes *Kli* nem egy ember vágyaiból áll, hanem az emberiség összes vágyából. És amikor ezt az utolsó korrekciót teljesítjük, azonosak leszünk a Teremtővel, a Negyedik fázis ki lesz töltve, és a Teremtés teljes lesz a mi nézőpontunkból, ahogyan az Övéből is.

Az út

Ahhoz, hogy véghezvigyük azt a feladatot, hogy azonosak legyünk a Teremtővel, az első dolog, amit a Teremtménynek meg kell valósítania, a helyes környezet, hogy előrelépjen, és a Teremtőhöz hasonlóvá váljon. Ezt a környezetet „világoknak" hívják.

A Negyedik fázisban a Teremtmény két részre oszlott: felsőre és alsóra (5. ábra). A felső rész a Felső (Spirituális) Világokat teszi ki, az alsó rész pedig a Teremtményt, ami olyan vágyakból áll, ahová a *Maszah* nem engedi behatolni a Fényt.

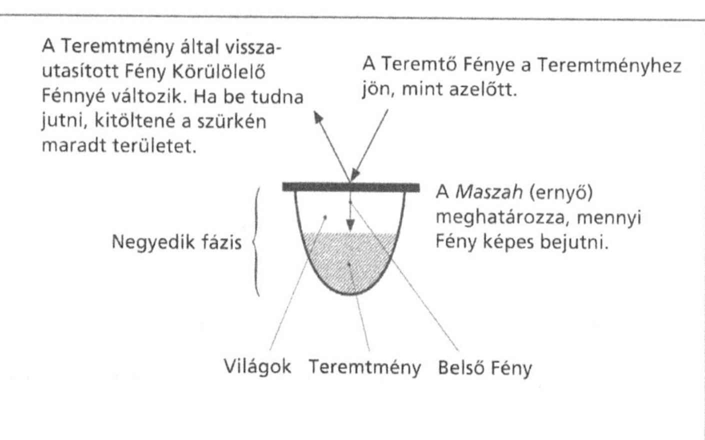

5. ábra: A Negyedik fázisban a Teremtmény (*Malhut*) két részre oszlik: a fehér zóna olyan vágyakat mutat, amik az adakozás érdekében tudnak működni, és így Fényt kapnak. Ez jelenti a Felső Világokat. A szürke zóna olyan vágyakat mutat, amik nem tudnak az adakozás érdekében működni, és így nem tudnak Fényt kapni. Ez teszi ki a Teremtményt.

Felső és alsó

Már tudjuk, hogy a Teremtményt egy dolog alkotja: az, hogy élvezetet és örömöt kapjon. Ennélfogva a felső és alsó nem helyhez kötött, hanem *vágyakhoz*, amikhez kapcsolódunk, mint felsőhöz és alsóhoz. Más szavakkal a magasabb vágyak olyan vágyak, amiket jobban becsülünk, mint az alacsonyabb rendűeket. A Negyedik fázisban minden vágy, amit a Teremtőnek történő adakozás érdekében tudunk használni, a felső részhez tartozik, és minden vágy, amit nem tudunk ilyen módon felhasználni, az alacsony részhez tartozik.

AZ ERNYŐ HASZNÁLATA

Beszéljünk egy kicsit többet a Negyedik fázisról, és hogy hogyan működik a *Maszah*hal. Végül is a Negyedik fázis a gyökerünk, tehát ha megértjük, hogyan működik, megtanulhatunk valamit önmagunkról.

A Negyedik fázis, a *Malhut* a Harmadik fázisból emelkedett ki, ami a Második fázisból emelkedett ki, és így tovább... Ugyanígy, Abraham Lincoln nem született az Amerikai Egyesült Államok elnökének. Kisbabából Abe egy gyermekké nőtt, aztán ifjúvá, végül egy felnőtté, aki elnök úr lett.

De Abe előző állapotai nem tűntek el, amikor elnök lett. Nélkülük Lincoln elnök úr nem lehetett volna Lincoln elnök úr. Az oka, amiért nem látjuk őket, az azért van, mert a legfejlettebb szint elnyomja és árnyékot vet a kevésbé fejlettre. De az utolsó, legmagasabb szint nemcsak érzi a szinteket önmagában, ezekkel a szintekkel dolgozik. Ezért érezzük magunkat néha gyermeknek, főleg amikor olyan részekkel találkozunk a személyiségünkben, ami nem nőtt fel. Ezeknek a részeknek nincs olyan rétege, ami felnőtt volna, ezért ezek a puha pontok éppolyan védtelenné tesznek minket, mintha gyermekek volnánk.

Mindazonáltal ez a többrétegű szerkezet az, ami lehetővé teszi számunkra, hogy valójában szülők legyünk. A gyermeknevelés folyamatában kombináljuk a múltbeli és jelenbeli fázisainkat. Megértjük a helyzeteket, amit a gyermekünk tapasztal, mert hasonló tapasztalatunk volt, és tudunk kapcsolódni azokhoz a helyzetekhez, a tudással és tapasztalattal, amit életünk során felhalmoztunk.

Az az oka, hogy így lettünk felépítve, hogy a *Malhut* (Teremtmény, Negyedik fázis, mi magunk) pontosan ilyen módon épült fel. Minden a *Malhut* előző fázisaiból benne létezik és segít fenntartani a szerkezetét.

Ahhoz, hogy a Teremtőhöz a lehető leghasonlóbbá váljon, a *Malhut* a vágy minden szintjét megvizsgálja magában, és ezeket a vágyakat működőképessé és működésképtelenné választja el minden szinten. A működő vágyakat arra használja, hogy adjon a Teremtőnek, és arra, hogy „segítsen" a Teremtőnek, hogy teljesítse a feladatát, hogy a *Malhut*ot azonossá tegye önmagával.

Néhány oldallal ezelőtt azt mondtuk, hogy ahhoz, hogy a Teremtővel való azonosság feladatát elérje, a teremtménynek meg kell teremtenie a helyes környezetet, hogy fejlődjön és a Teremtőhöz hasonlatossá váljon. Pontosan ez az, amit a világok – működőképes vágyak – tesznek. „Megmutatják" a működésképtelen vágyaknak, hogyan kapjanak annak érdekében, hogy adakozzanak a Teremtőnek, és ezt megtéve, segít a működésképtelen vágyaknak, hogy kijavítsák magukat.

Úgy tudjuk elképzelni a világok és a Teremtő közötti kapcsolatot, mint az építőmunkások egy csoportját, ahol egyik munkás se tudja, hogy mit tegyen. A világok megtanítják a Teremtményt, hogyan tegyen meg minden feladatot: hogyan fúrjon, használjon egy kalapácsot, egy szintet és így tovább.

A spiritualitás esetében a világok megmutatják a Teremtménynek, hogy mit adott nekik a Teremtő, és hogy hogyan dolgozzanak vele a helyes módon. Apró lépésenként a Teremtmény megtanulja ilyen módon használni a vágyait.

> Abból, amit ez idáig megtanultunk, még mindig nem tudjuk, hogy az öt világból melyik a fizikai világunk. Valójában egyik sem az. Tartsuk észben, hogy nincsenek „helyek" a spiritualitásban, csak állapotok. Minél magasabb a világ, annál adakozóbb állapotot jellemez. Hogy a mi világunk nincs megemlítve sehol sem, annyi, annak az az oka, hogy a spirituális világok adakozóak, míg a mi világunk, mint mi is, egoista. Mivel az egoizmus ellentétes az altruizmussal, a világunk leválasztódott a spirituális világokról. Ezért van az, hogy a kabbalisták nem említik ezt a rendszerben, amit a könyvekben bemutatnak.

MŰKÖDŐKÉPES ÉS MŰKÖDÉSKÉPTELEN VÁGYAK

Ebben a fejezetben előzőleg azt mondtuk, hogy ez a négyfázisú minta az alapja mindennek, ami létezik. Ennélfogva amikor a vágyak szétváltak olyanokra, amik meg tudják kapni a Fényt, és azokra, amik nem, ugyanezt a négyfázisú mintát követték. A vágyak, amik képesek megkapni a Fényt, azok a „működőképes vágyak", és a vágyak, amik képtelenek rá, hogy megkapják a Fényt, azok a „működésképtelen vágyak".

A működképes vágyak teremtették meg a Felső Világokat, a működésképtelen vágyak pedig a Teremtményt, és később a mi világunkat (6. ábra). A működőképes vágyak a Gyökér fázisban megteremtették az *Adam Kadmon* világát, és a működésképtelenek, akik sötétek maradtak (Fény nélkül), azok neve „mozdulatlan", és megformálták a mozdulatlan (nem változó) szintjét a Teremtésnek.

A működőképes vágyak az Első fázisban megteremtették az *Acilut* világát, a működésképtelenek sötétek maradtak, és kitették a Teremtés vegetatív, „növényi" szintjét. A működőképes vágyak a Második fázisban megteremtették a *Bria* világát, és a működésképtelen vágyak a Harmadik fázisban a Teremtés „állati" szintjét teszik ki. Ugyanígy a működőképes vágyak a Harmadik fázisban a *Jecira* világát tették ki, míg a működésképtelenek a Teremtés beszélő szintjét. És végül a Negyedik fázis működőképes vágyai az *Asszija* világát teszik ki, a működésképtelenek sötétek maradtak, és a teremtés „spirituális" szintjét teszik ki.

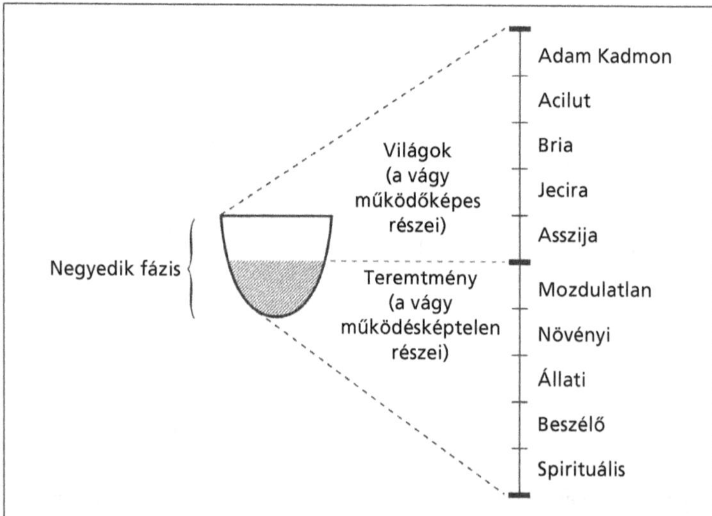

6. ábra: A Negyedik fázisban a vágyak működőképes vágyakká és működésképtelen vágyakká osztódtak. A működőképes vágyak létrehozták a Felső Világokat, a működésképtelen vágyak pedig létrehozták a Teremtményt. A Felső Világok feladata az, hogy megtanítsák a Teremtményt, hogyan kapjon az adakozás érdekében.

Jegyezzük meg, hogy a legerősebb vágyak, a legegoistábbak és látszólag a Teremtőtől legtávolabbiak neve „spirituális".

Épp mint a négy fázisban, a legerősebb vágy a Teremtőhöz hasonlóvá akar válni. Ezért csak a legutolsó fokozat – ami látszólag a legsötétebb és legegoistább – tud olyan vágyat fejleszteni, hogy a Teremtőhöz hasonlóvá akarjon válni és el akarja érni a spiritualitást.

Úgy tűnik, hogy csak a Teremtmény az egyetlen rész, aminek még mindig szüksége van arra, hogy „dolgozzanak rajta", hogy meg tudja kapni a Fényt. Tanuljuk meg, hogyan fejlődött a Teremtmény, hogyan lett a mi világunk, és hogyan tudjuk azt kijavítani.

Fontos emlékezni rá, hogy a Felső Világok nem léteznek valójában addig, ameddig fel nem fedezzük őket, ahogyan a spirituális felfogásunkat fejlesztjük, ahogyan a Teremtőhöz válunk hasonlatossá. Amiért a kabbalisták ezekről a világokról múlt időben írtak, annak az az oka, hogy *azután* írták a könyveiket, miután felmásztak a mi világunkból a spirituális világokba, és elmondták nekünk mindazt, amit találtak. Ahhoz, hogy feltárjuk a Felső Világokat, nekünk is fel kell másznunk oda, és látnunk kell magunknak. Az egyetlen mód arra, hogy ez megtegyük, az az, hogy hasonlóak leszünk a Teremtőhöz – vagyis adakozóak.

A közös lélek

A tényleges gyökere mindannak, ami itt a mi világunkban történik, olyan névre hallgat, hogy „közös lélek", vagy ahogy a kabbalisták utalnak rá, *Adam ha Rishon* (Az első ember). *Adam ha Rishon* a vágyak egy rendszere, ami abból emelkedett ki, hogy a spirituális világok megformálása teljes lett.

Egyszer csak, amikor az öt világ, *Adam Kadmon, Acilut, Bria, Jecira* és *Asszija* teljesítette a Negyedik fázis felső részének kifejlődését, ideje volt az alsó rész kifejlesztésének. *Adam ha Rishon*, akit „Ádámnak" ismerünk, működésképtelen vágyakból keletkezett, amik nem tudták megkapni a Fényt, hogy adni tudjanak a Teremtőnek, amikor először meg voltak teremtve. Ha visszanézünk a 6. ábrára, Ádám a Teremtés folyamatának következő lépcsőfoka, és azokból a részekből áll, amit az ábra szürkének jelöl. A működésképtelen vágyak ebben a részben – amik a mozdulatlan, növényi, állati, beszélő és spirituális szinteket megformálták –egymás után ki lesznek javítva és korrigálttá vagy működőképessé válnak.

Ahhoz, hogy ezt megtegyék, ezeknek a vágyaknak a világok segítségére van szükségük, a működőképes vágyakéra. Ezért van az, hogy *Adam ha Rishon* ugyanazokon a fokozatokon fejlődik, amiken a négy világ fejlődött ki a négy alaplépésen keresztül.

A nagy zuhanás

De Ádámmal a dolgok nem annyira egyszerűek, mint ahogyan a Felső Világokkal voltak. Ádám nincs tudatában, hogy a vágyai egoisták, önközpontúak; ezért nem tudta megkapni a Fényt a kezdéshez. Amikor a Felső Világok példáját követte, és megpróbálta megkapni a Fényt, a Fény által adott élvezet ellenállhatatlan volt, és önmagának akarta megkapni.

Emlékezzünk rá, hogy amikor a Negyedik fázis felismerte, hogy a Teremtőhöz akar hasonlatossá válni, az első dolog, amit megtett, hogy tartózkodott tőle, hogy a Fényt a saját maga számára szerezze meg, egy olyan cselekedet kapcsán, amit „*Cimcum*nak (korlátozás)" hívnak. Ádám jelenlegi próbálkozása, hogy megkapja a Fényt a *Cimcum* ellenére, egy kísérlet volt, hogy eltörölje ezt a döntést. Ennek eredményeképpen a *Cimcum* teljes erővel megerősödött, és a *Maszah* (ernyő) azonnal visszautasított minden Fényt, amit Ádám kapott.

A Fény visszautasítása Ádám esetében nagyon különbözik az eredeti *Cimcum*tól. Amikor a *Cimcum* először megtörtént, egy előrelépés volt a megszerzés állapotából a Teremtőre való bármilyen tekintet nélkül. Ádám esetében viszont az élvezet „kitörölte" a Teremtőt a tudatából, és meg tudta kapni az élvezetet a maga számára anélkül, hogy a Teremtő élvezetére gondolt volna. Ez Ádámot *kevesebbé* tette a Teremtőnél – a szeretet és adakozás erejénél –, mint azelőtt, hogy a Fényt megkapta volna. Ezért Ádám kísérlete, hogy megkapja önmaga számára a Fényt, bűnnek tekintendő lett: a teremtés céljától *távolabb* vezette őt.

A „bűnre" használt kabbalista kifejezés a „törés". Ezért *Adam ha Rishon* eltört. A kabbalisták azt mondják, hogy Ádám 600 000 darabra esett szét. Minden rész Ádám egoista kísérletének része volt, és ezért egoista is volt. Egy egoista elem azért van leválasztva a Teremtőtől, mert Óvele ellentétes. Ez az, ahogyan a mi világunk meg lett teremtve, ahol az egoista vágyak irányítanak, és a Teremtő rejtve van a saját egoizmusunk látótere elől.

Ádám nem született egoistának; csak felfedezte az egoizmusát, amikor arra használta a vágyait, hogy megkapja a Fényt. A szándéka az volt, hogy kapjon az adakozás érdekében, épp úgy, ahogyan a számára megmutatott világok léteztek. De a hibája megtanította rá, hogy különbözik tőlük, hogy eredendően egoista, és ki kell hogy javítódjon, mielőtt kapni tudna, ahogyan a világok.

Ádám lelkének sok részre történő szétesése valójában egy jó dolog volt. A törésben a nagy egoista vágy sok kis részére osztódott, amit könnyebb kijavítani. Az egyes ilyen vágyak az egyes emberek vágyai. Ha a világban mindenki korrigálja a saját részét Ádám lelkéből, a teljes emberiség ki lesz javítva, egy lélekké válik, az adakozás érdekében fog kapni, egy lesz a Teremtővel, és élvezni fogja az összes Fényt, amit Ő akart nekünk adni a Teremtés gondolatában.

4. Ádám javítása, hogy elérje a tökéletességet

A Harmadik Fejezet kezdetén azt írtuk, hogy mielőtt bármi is meg lett volna teremtve, ott volt a Teremtés Gondolata. Ez a Gondolat teremtette meg az Négy fázisát a megszerzésvágynak, ami megteremtette az *Adam Kadmon* világait az *Asszijáig*, ami aztán megteremtette *Adam ha Rison* lelkét, ami lelkek miriádjaira tört szét, amik manapság is léteznek.

Nagyon fontos emlékeznünk a Teremtés ilyen rendjére, mert arra emlékeztet minket, hogy a dolgok fentről lefelé fejlődtek ki, a spirituálisból a testi felé, és nem a másik módon. Egyszerű kifejezésekkel mondva ez azt jelenti, hogy a mi világunkat a spirituális világok teremtették és irányítják.

Sőt mi több, nincs egyetlen történés sem a mi világunkban, ami nem fent történt meg előbb. És az egyedüli különbség a mi világunk és a spirituális világok között az, hogy a spirituális világok altruista, míg a mi világunk eseményei egoista szándékokat tükröznek.

A világok ilyen alázuhanó rendszere miatt a mi világunkat úgy hívják, a „következmények világa", a spirituális folyamatok és történések következményeié. Akármit is teszünk itt, nincs semmiféle hatással a spirituális világokra. Ennélfogva, ha bármit meg akarunk változtatni a mi világunkban, először fel kell másznunk a spirituális világokba, az e világunk „irányítófülkéjébe", és onnan lenni hatással a mi világunkra.

Ahogyan ez a spirituális világokban történik, minden ugyanazon az öt állomáson megy át, a Nullástól a Negyedik fázisig. A 7. ábra a *Malhut* vágyait mutatja, amik nem tudnak megszerezni azért, hogy adakozzanak, és ezért sötétek maradnak. A legkisebb vágyak teremtik meg a Teremtés mozdulatlan szintjét, és minél erősebbé válnak a vágyak, úgy növekszik az aktivitásuk szintje: a vegetatív növényiből az állatiba és a beszélőbe, és végül az emberbe.

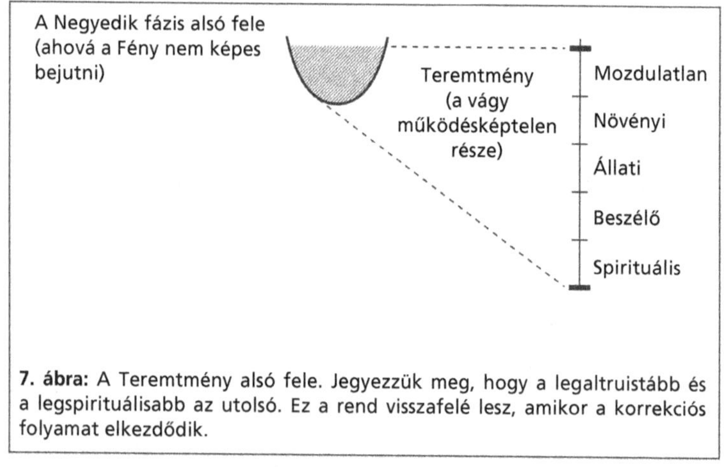

7. ábra: A Teremtmény alsó fele. Jegyezzük meg, hogy a legaltruistább és a legspirituálisabb az utolsó. Ez a rend visszafelé lesz, amikor a korrekciós folyamat elkezdődik.

Viszont fontos rá emlékezni, hogy a vágyak a 7. ábrán inaktívak. *Nem* szereznek meg Fényt, és így nem okoznak károkat. Akkor aktivizálódnak, amikor Ádám megpróbálja őket arra használni, hogy Fényt szerezzen meg. Ez az, amikor az egoista természetük felszínre tör, és ez az, amikor eltörnek. Így ameddig ezek inaktívak, még mindig spirituális vágyaknak tekinthetők, mert nincs bennük aktív egoizmus, ami elválasztaná őket a Teremtő adományozó minőségétől. Csak akkor válnak el Őtőle, amikor aktivizálódnak.

A mozdulatlan, növényi, állati, beszélő és spirituális szintek a világunkban valójában vágyak megtestesülései, amik a Felső Világban erednek. Csak akkor válnak fizikaivá, amikor rossz módon – egoista módon – aktiválják őket. Ha a helyes módon tudnánk őket aktivizálni, hogy a Teremtőnek tessen, akkor arra tudnánk őket használni, hogy Fényt kapjunk. Ez a lényege a korrekciónak, amit meg kell tennünk ebben a világban.

Szintén emlékezzünk rá, hogy azt mondtuk, a mozdulatlan szint áll a legkisebb vágyakból, és a növényi az erősebbekből, és így a legerősebb vágyig – a spirituális szintig. Tehát amikor a vágyak eltörnek és elkezdenek önzően működni, a leggyengébb vágyak a legkevésbé töröttek, és a legerősebb vágyak szenvednek a legerősebb széttöredezettségtől. Ennek megfelelően a mozdulatlan (élettelen, ásványi) szint a mi világunkban a legkevésbé tört (egoista), a növények egoistábbak, az állatok még egoistábbak, mint a növények, és az emberek a legegoistábbak mind közül.

A piramis

Mivel a spirituális vágyak erősebbekre és gyengébbekre oszlanak, a mi világunk úgy épül fel, mint egy piramis. A leggyengébb vágyak a legkevésbé egoisták és a Teremtés alapszintjét alakítják, a mozdulatlant (8. ábra). Ezek fölött van a növényi szint. Egy értelmezés szerint a növényi kihasználja a mozdulatlant, mert ásványok és víz táplálja őket, amik a mozdulatlan szinthez tartoznak a mi világunkban.

Sorban a következő az állati szint, ami főleg növényekkel táplálkozik, „kihasználva" őket a saját fenntartásukra. A legmagasabb az ábrán a beszélő (emberi) szint, ami növényekkel és állatokkal és néhány ásvánnyal egyaránt táplálkozik.

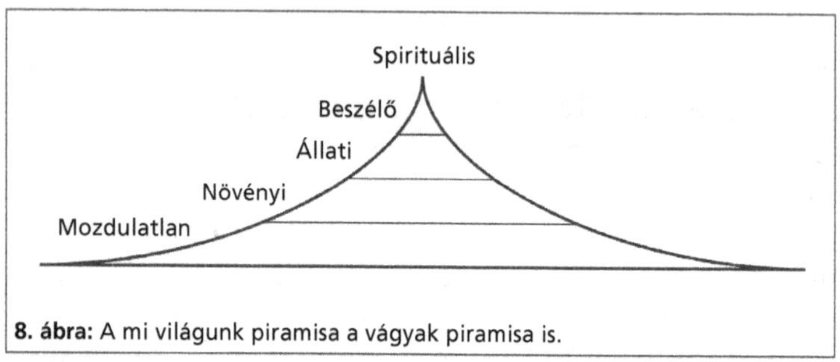

8. ábra: A mi világunk piramisa a vágyak piramisa is.

A fizikai megjelenésében a spirituális szint nem ölt elkülönülten testet. Ez inkább egy eltérő szintje a fejlődésnek, egy állapot, amikor valaki *lelke* a Felső Világokban rejlő gyökere felé sóvárog, ahol közvetlen kapcsolatban lehet a Teremtővel. És itt nyugszik a spirituális szint egyedisége: mivel ez a legnagyobb, legegoistább vágy, ez az egyetlen szint, ami tényleg a Teremtőhöz szeretne kötődni, az élet altruista erejéhez. Ezért van az, hogy a spirituális szint bennünk az, ami azt érezteti velünk, hogy mi vagyunk a legalacsonyabbak, de ez az átalakulásunknak a kulcsa egoizmusunkból altruizmussá.

Az élet készítése

Az „Előszó Kabbala Bölcseletéhez" című munkájában az egyik bevezetésben a *Zohár könyvéhez* írt *Szulám* kommentárjához, Baál HaSzulám elmagyarázza a különbséget a spiritualitás és a testiség között. Azt mondja, hogy minden, aminek adományozási célja van, mint a Teremtőnek, az spirituális, és mindenki, akinek megszerzési célja van, az ellentétes a Teremtővel, azaz testi. Ádám törése előtt nem volt olyan dolog, mint aktív törekvés a megszerzésre. Ezért az ő törése jelöli a fizikai valóság első megjelenését.

A Harmadik fejezetben azt mondtuk, hogy a négyfázisú minta folytatódik a Teremtés egészén keresztül. A mi világunk nem kivétel ez alól a szabály alól. Ezért az első lényegiség, ami megjelent, az a mozdulatlan anyag volt, az összes vágy legalacsonyabb szintje.

A mozdulatlant követően jött a növényi szint, aztán az állatok, amik a vágyak állati szintjét képviselik, és végül az emberek, a beszélő szint fizikai testet öltései. Az utolsó vágy, ami megjelent, a spiritualitásra, a Teremtőre való vágy volt. Ahogyan azt az előző részben elmagyaráztuk, ez az utolsó vágy volt a legerősebb, és ez az egyetlen, ami el tudja érni a Teremtőt (altruizmus).

Persze a dolgok nem mentek végbe olyan gyorsan, ahogy most leírtuk őket. Először az ásványok jelentek meg, milliárdjai és billiárdjai az ásványok tonnáinak, amik fokozatosan kialakították a galaxisokat, a csillagokat és bolygókat. Ebben az anyagbilliárdok tonnáiban megjelent egy apró csepp, a „Föld bolygó". És ezen a Földön megjelent a növényi szint. Természetesen a növények a Földön végtelenül kis rész ahhoz képest, mint a mozdulatlan anyag a bolygón, és még inkább igaz ez, ha a mozdulatlan anyaghoz hasonlítjuk szerte az univerzumban. Az állati szint, ami a növények után jelent meg, kis részt tesz ki a növényihez képest. A beszélő persze, az utolsóként megjelenő, a legkisebb mennyiségű mind közül.

A spirituális szint csak „nemrég" jelent meg. Mivel a geológiai időkről beszéltünk eddig, a nemrég azt jelenti, hogy pár ezer éve jelentkezett.

A Teremtés teljes mérete felfoghatatlan. Ha a Teremtés piramisát tekintjük (8. ábra), és a mennyiségekre gondolunk két egymáson nyugvó szintnél, meg fogjuk érteni, hogy a spirituálisra való vágy mennyire késői. Ha „letömörítjük" a létező világ eddigi idejét – körülbelül 15 milliárd évet – egyetlen huszonnégy órás napra,

a spiritualitásra való vágy 0,0288 másodperccel ezelőtt
jelent meg. Geológiai méretekben ez annyit jelent: most.

Így egyfelől minél magasabb a vágy, annál ritkább (és fia-
talabb). Másfelől a spirituális szint létezése az emberi szint
felett megmutatja, hogy nem teljesítettük még az evolúción-
kat. Az evolúció olyan dinamikus, mint mindig, de mivel mi
vagyunk a megjelenő utolsó szint, természetesen azt gondol-
juk, hogy mi vagyunk a legfelsőbb szint. Lehetünk a legfelső
szinten, de nem mi vagyunk az utolsó szint. Mi csak az utol-
só szinten vagyunk, ami megjelent.

A végső szint úgy fogja használni a testünket, mint ven-
déglátókat, de teljesen új gondolkodásmódból, érzésekből
és létezésből fog állni. Ezen a szinten nagyon másképpen
fogjuk fel a valóságunkat, mint ma. Ez már megjelenik köz-
tünk, úgy hívjuk, spirituális szint.

Nincs szükség fizikai változásokra vagy új fajokra, csak
a világról alkotott felfogásunk átalakulására. Ezért olyan
meghatározhatatlan az evolúció következő fázisa; ez ben-
nünk zajlik. Ez a fázis meg fog jelenni, akár tudatában
vagyunk, akár nem. Viszont a tudatossággal és az aktív
részvétellel siettethetjük, lenyűgözőbbé és élvezetessé tehet-
jük. A Kabbala tudománya megtanítja, hogyan lehetünk
tudatában a bennünk létező spirituális szintnek, és hogyan
vegyünk részt annak kifejlesztésében a számunkra leghaté-
konyabb és leghasznosabb módon.

AHOGYAN FENT, ÚGY LENT

Ha párhuzamot vonunk a földi fázisok és a Fény négy alap-
fázisa között, a mozdulatlan kor a Gyökér fázisnak felel meg,
a növényi kor az Első fázisnak, az állati kor a Második fázis-

nak, a beszélő kor a Harmadik fázisnak és a spirituális kor a Negyedik fázisnak.

A Föld bolygó izzása pár milliárd évig tartott. Ahogyan lehűlt, a növényi élet megjelent, és a bolygón uralkodott több millió évig. De ahogyan a növényi tömeg sokkal kisebb, mint a mozdulatlan, a növényi szakasz is sokkal rövidebb, mint a Föld mozdulatlan szakasza.

A növényi szakasz teljesülését az állati szakasz követte. Mint az előző két fokozatnál, az állati kor sokkal rövidebb volt, mint a növényi korszak, a növényi és állati tömegek viszonyában is.

Az emberi fázis, ami a beszélő szintnek felel meg a piramisban, csak a legutóbbi negyvenezer évben volt jelen. Amikor az emberiség teljesíti a negyedik (és utolsó) szakaszt, az evolúció teljes lesz, és az emberiség újra egyesül a Teremtővel.

A Negyedik fázis néhány ezer éve kezdődött, amikor a spiritualitás vágyai először megjelentek. Tehát ha a 8. ábrát vizsgáljuk, nagyon széles alapú piramist látunk ott. Minden szint sokkal több anyaggal bír és sokkal tovább tart, mint a felette található szint.

Mindazonáltal minden fokozat teljesen alá van vetve az afeletti szintnek. Ezért függ az egész világ korrekciója az utolsó, és legmagasabb fokozat – a spirituális szint – korrekciójától.

A szívben található pont

Amikor a Kabbalisták a szívről írnak, nem a pumpára utalnak a szívünkben. A szív az eredője az összes vágyunknak az öröm megszerzése felé. Amikor a spiritualitásra irányuló vágy megjelenik, a Kabbalisták ezt „szívben található pontnak" nevezik. Ez a pont nagyon fontos, mert amikor megjelenik, mindent más fényben látunk, és az életünk magasabb, spirituális jelentést kap. Ez a szívben található pont az, ami végül is a spiritualitáshoz vezet minket.

A spirituális világban az első ember, aki tapasztalta ezt a pontot, Ádám volt. Ő volt *Adam Ha Rison* (Az első ember). A név, Ádám, a héber szavakból jön: *Adameh la Elion* – „hasonló leszek a Magasságoshoz" (Ézsaiás 14:14) – és Ádám vágyát tükrözi, hogy hasonló legyen a Teremtőhöz.

Manapság, a 21. század kezdetén az evolúció beteljesíti a Negyedik fázist – a vágyat, hogy a Teremtőhöz hasonlatossá legyen. Ezért van az, hogy napjainkban egyre több ember keres spirituális választ a kérdéseire.

Felfelé a létrán

Amikor a Kabbalisták a spirituális előrehaladásról beszélnek, a spirituális létrán történő felmászásra hivatkoznak. Ezért a Jehuda Áslág nevű Kabbalista, a *Zohár könyvé*hez írt kommentárját *Perush HaSzulám*nak (Létra Kommentárnak) nevezi, amiért őt *Baál HaSzulám*nak nevezték (a Létra tulajdonosa). De a Létrán „felmászás" valójában a „gyökerekig visszamenést" jelenti. Ez azért van, mert a teremtésünk gyökerei, a Felső Világok, részeink. Bizonyos értelemben voltunk már ott, bár ennek nem vagyunk tudatában. Most ki kell találnunk, hogyan találunk vissza oda tudatosan.

A gyökér a végső célunk, ahová végső soron tartunk. De ahhoz, hogy békésen és gyorsan odajussunk, nagy vágyra van szükségünk – egy *Klire*. A vágy a spiritualitás felé az, ami az evolúciónk spirituális szintjét karakteressé teszi.

Épp úgy, ahogy nem minden tehetséges sportoló nyer érmeket, csak azok, akik tehetségesek *és* nagyon motiváltak, ahhoz, hogy elérjük a spiritualitást, nagyon motiváltaknak kell lennünk. Ahhoz, hogy megértsük, honnan nyerik a nagyon motivált sportolók a motivációjukat, nemcsak a sportolókat kell néznünk, hanem a környezetüket is. Több országban különleges iskolák vannak sportolók számára, ahol az életük teljesen a sport körül foroghat, és a versenyzői képességüket fejlesztik.

Ugyanígy ahhoz, hogy elérjük a spiritualitást, meg kell teremtenünk a környezetet, ami arra bátorít bennünket, hogy még spirituálisabbak legyünk. Az ilyen környezet hatására arra gondolunk, hogy a spiritualitás a legfontosabb dolog a világon, és az elérésével a legboldogabb és legteljesebb emberek leszünk a világon. A barátaink le fogják írni, milyen nagyszerű dolog is spirituálisnak lenni, egyesülni a Teremtővel, ahogyan a sportolók barátai is arról beszélnek nekik, hogy milyen lesz megnyerni a versenyt és milyen lesz elsőnek lenni a célvonalban stb... A Kabbalában azt mondanánk, hogy az „érmet" a „Körülölelő Fénnyel" rendelkező sportolók „nyerik".

Ennélfogva ahhoz, hogy akarjuk a spiritualitást, meg kell kapnunk egyfajta Körülölelő Fényt, ami arra késztet minket, hogy akarjunk spirituális örömöket. Minél több ilyen Fényt gyűjtünk, annál gyorsabban fogunk haladni. Használhatjuk ugyanazt a technikát, amit a sportolók, hogy az éremre vonatkozó vágyukat emeljék – elképzeljük, beszélünk róla, gondolunk rá, és akármi történik, fókuszálunk rá. De a legerősebb eszköz, hogy bármiféle vágyat növeljünk, még mindig a közösségi környezetünk.

 **Van különbség a „Körülölelő Fény" és simán „Fény" között?**

A különféle elnevezések, mint „Körülölelő Fény" és „Fény", két funkcióját írják le ugyanannak a Fénynek. A Fény, ami *nem* körülölelőnek tekintett, az, amit örömként tapasztalunk, amíg a Körülölelő Fény az a Fény, ami megépíti a *Klinket*, a helyet, ahová a Fény végül behatol. Mindegyik valójában Fény, de amikor korrigálóként és építőként tapasztaljuk azt, akkor „Körülölelő Fénynek" nevezzük. Amikor csak pusztán élvezetet jelent, akkor „Fénynek" hívjuk.

A „Bevezetés a Tíz Szfira Tanulmányába" című művében Baál HaSzulám elmagyarázza, hogy ameddig nem fejlesztünk egy *Klit*, nem kapunk Fényt. De a Fény ott van, körülveszi a lelkünket, és fokozatosan felépíti a *Klinket*, azzal, hogy megnöveli a vágyunkat felé.

A Hatodik fejezetben többet fogunk beszélni a környezetünkről, most gondoljunk erre a következő módon: ha mindenki körülöttem ugyanazt a dolgot szeretné és arról beszél, és csak egy dolog van „benne", én határozottan akarni fogom azt. Minél jobban akarok valamit, annál több erőfeszítést teszek, hogy elérjem ezt, annál jobban növekszik a *Kli*, és annál több Körülölelő Fényt vonok magamra.

A növekvő *Kli* a új eszköz kiépítésére bátorít engem, hogy megkapjam, amit akarok, ezért gyorsabban vezet a célom felé. Az egyenlet egyszerű és egyenes: Minél nagyobb a *Kli*, annál nagyobb a Fény; minél nagyobb a Fény, annál gyorsabb a korrekció és a Fény megkapása a *Kli*n belül.

A *Kli* (Edény) megépítése

Azt kell megértenünk, hogyan építi a Körülölelő Fény a *Klinket*, és miért hívják „Fénynek", amivel elkezdődik. De ahhoz, hogy mindezt megértsük, először meg kell értenünk a *Resimó* fogalmát.

Emlékezzünk rá, hogy a spirituális világok és *Adam Ha Rison* lelke bizonyos sorrendben fejlődött ki. A világokban ez volt *Adam Kadmon, Acilut, Bria, Jecira* és *Asszija. Adam*

*Ha Rishon*ban az evolúciót a vágy fajtája után nevezték el – mozdulatlannak, növényinek, állatinak, beszélőnek és spirituálisnak.

Ahogyan nem felejtjük el a gyerekkorunkat sem, de a múltra támaszkodunk a jelenlegi tapasztalatainkkal, egyik teljesített lépés sem veszett el az evolúciós folyamatban, de a tudattalan „spirituális emlékezetünk" részét képezik. Más szavakkal: bennünk nyugszik a spirituális fejlődésünk teljes története, attól az időtől, amikor egyek voltunk a Teremtés Gondolatával, napjainkig. A spirituális létrán felfelé haladás egyszerűen azt jelenti, hogy emlékezünk az állomásokra, amiket egyszer már megtapasztaltunk.

Ezeket az emlékeket találóan *Resimó*nak (felvétel) nevezzük, és minden *Resimó* különleges spirituális állapotot jelent. Mivel a spirituális fejlődésünk egy különleges sorrendben történt, a *Resimó*k bennünk is ebben a sorrendben jelentkeznek. Más szavakkal, az elkövetkezendő állapotaink már előre el vannak tervezve, és nem teremtünk semmi újat, csak emlékezünk és újratapasztaljuk az eseményeket, amik már megtörténtek velünk. Az egyetlen dolog, amit meg tudunk határozni – amit a következő fejezetek során ki fogunk fejteni – az, hogy milyen gyorsan mászunk fel a létrán. Minél keményebben dolgozunk a megmászásán, annál gyorsabban fognak ezek az állapotok változni, és annál gyorsabban fogunk spirituálisan előrelépni.

Minden *Resimó* akkor teljes, amikor teljesen megtapasztaltuk azt, és mint egy lánc, amikor egyik *Resimó* véget ér, a következő *Resimó* megjelenik. A *Resimó*, amit most tapasztalunk (a jelen valóságunk), valójában egy sarja annak, hogy melyik *Resimó* fog legközelebb megjelenni (a közvetlenül következő állapot). De mivel visszamászunk a létrán, a jelen *Resimó* az eredeti teremtőjéhez csatlakozik a „szülő *Resimó*hoz", ha szeretnéd, és felébreszti. Így sohasem várhatjuk, hogy a jelenlegi állapotunk megmarad, mert amikor egy állapotnak vége, az szükségszerűen a következőhöz vezet minket a sorban, ameddig nem teljesítjük a korrekciónkat. Akkor végül megmaradunk az örök áldás állapotában.

Az erőfeszítésünk, hogy altruisták (spirituálisak) legyünk, közelebb visz a korrigált állapotunkhoz, mert minél nagyobb Fényt vonunk magunkra, annál jobban ébreszti fel az a *Resimó*t. És mivel azok a *Resimók* a magasabb spirituális tapasztalások felvételei, egyre spirituálisabb érzetekhez is juttatnak minket.

Amikor ez megtörténik, halványan érezni kezdjük az öszszekapcsoltságot, egységet és szeretetet, ami ebben az állapotban létezik, úgy, mint valami távoli gyenge fényt. Minél jobban próbáljuk elérni azt, annál közelebb jövünk ehhez, és annál fényesebben ragyog. Sőt mi több, minél erősebb a Fény, annál erősebb arra a vágyunk. Így a Fény megépíti a *Klinket*, a vágyunkat a spiritualitásra.

Most már láthatjuk, hogy a „Körülölelő Fény" név tökéletesen leírja, hogyan érezzük azt. Ameddig nem értük el, külsőnek látjuk azt, ahogyan a boldogság vakító ígéretével vonz minket.

Mindig, amikor a Fény elég nagy *Klit* épít fel, hogy a következő szintre lépjünk, a következő *Resimó*val együtt jön, és egy új vágy éled bennünk. Nem tudjuk, miért változnak a vágyaink, mert mindig a jelenlegi szintünknél magasabb *Resimó* részei, még akkor is, ha nem úgy tűnnek.

Épp ahogyan a jelenlegi *Resimó*nk felszínre tört és a jelenlegi állapotunkhoz vitt el minket, az új vágy, ami megjelenik, egy új *Resimó*ból jön, ami új állapotot termel. Jelenleg ezt az új *Resimó*t a „jövőnknek" hívjuk. Viszont rövidesen, amikor a *Resimó* kiteljesedett, az lesz a jelenünk, éppen ahogyan a mostani *Resimó*nk a jelenünk. Így lépünk fel a létrán. Ez a *Resimók* spirálja, és emelkedéseké, amik a Teremtés célja felé visznek minket – a lelkünk gyökeréig, ahol mind egyenlők vagyunk és egyesülünk a Teremtővel.

Vágy a spiritualitásra

Különféle ütem, különféle társainknak

Az egyetlen különbség az emberek között a módban van, ahogyan az örömöt tapasztalni szeretnék. Az öröm magában viszont alaktalan, megfoghatatlan dolog. Amikor különféle „ruhákkal" vagy „öltözetekkel" fedjük őket, ez megteremti azt az illúziót, hogy különféle örömforrások vannak, valójában azonban egyszerűen csak többféle „öltözet" létezik.

A tény, hogy az öröm lényegében spirituális, megmagyarázza, hogy miért törekszünk tudattalanul is arra, hogy a felszínes öltözeteket azzal cseréljük fel, hogy az örömöt a tiszta formájában, a Teremtő Fényében érezzük.

És mivel nem vagyunk tudatában, hogy az emberek közötti különbség az öröm öltözetében van, amit kívánnak, így az öltözékek alapján ítéljük meg őket, amiket előnyben részesítenek. Bizonyos öltözeteket törvényesnek kezelünk, mint például a gyermekek szeretetét, míg másokat – például a drogokat – elfogadhatatlannak tekintünk. Amikor azt érezzük, hogy a vágynak egy elfogadhatatlan öltözete növekszik bennünk, arra kényszerülünk, hogy elzárjuk a vágyunkat arra az öltözetre. Viszont a vágy elzárása nem tünteti azt el, és bizonyosan nem korrigálja azt.

Ahogyan fent elmagyaráztuk, a Negyedik fázis alsó része az *Adam ha Rison* lényege (lásd 6. ábra). Ahogyan a világok a növekvő vágyaknak megfelelően vannak felépítve, Ádám lelke (emberiség) öt fázison keresztül fejlődött: Nullástól (mozdulatlan) a Negyedikig (spirituális).

Amikor minden fázis megemelkedik, az emberiség teljesen megtapasztalja azt, ameddig ki nem fárasztja magát. Akkor a vágy következő szintje jelenik meg, a *Resimó*nak megfelelően, ami belénk van ágyazva. A mai napig már megtapasztaltuk az összes *Resimó*ját az összes vágynak a Mozdulatlantól a Beszélőig. Ami az emberiség fejlődésében még hátravan, az, hogy teljesen megtapasztalja a spirituális vágyakat. Ekkor el fogjuk érni a Teremtővel való egységünket.

Valójában a vágyak ötödik szinten történő megjelenése – a spiritualitás – a 16. században jelent meg, ahogyan azt a Szent Ari leírta. De napjainkban a legintenzívebb fajtának lehetünk szemtanúi – a spirituálisnak a spirituálison *belül*. Sőt mi több, nagy számú megjelenését tapasztalhatjuk az olyan embereknek, akik spirituális választ remélnek a kérdéseikre.

Mivel a *Resimó*, ami ma színre lép, nagyobb vágyakból áll a spirituális felé, mint bármikor azelőtt, az elsődleges kérdés az emberek eredetéről, gyökeréről szól! Bár a legtöbb ilyen keresőnek van tető a feje felett, és elegendő jövedelme, hogy ellássa magát és a családját, szeretnék tudni, hogy honnan jöttek, miféle tervből és milyen célból. Amikor nem elégedettek a válaszokkal, amit a vallások adnak, más tanokban és tanításokban keresik azokat.

NEGYEDIK FÁZIS – A TUDATOS FEJLŐDÉS FÁZISA

A legfőbb különbség a Negyedik fázis és az összes többi fázis között az, hogy ebben a fázisban *tudatosan* kell fejlődnünk. Az előző fázisokban mindig a Természet sarkallt minket arra, hogy az egyik fázisról a másikra lépjünk. Ezt úgy tette, hogy elég nyomást helyezett ránk, hogy kényelmetlennek érezzük magunkat, és változást keressünk a jelenlegi állapotunkra. Így fejleszt a Természet minden részében: emberiben, állatiban, növényiben és a mozdulatlanban is.

Az alapvágyunk passzív. Ez azért van így, mert az öröm kapói szeretnénk lenni és nem az adói (kivéve a szándékunkban). Ezért csak akkor lépünk az egyik állapotból a következőbe, amikor a nyomás tarthatatlanná válik. Egyébként mozdulatlannak szeretünk megmaradni. A logika egyszerű: ha jól vagyok most, akkor miért mozduljak el?

De a Természetnek ettől különböző terve van a számunkra. Ahelyett, hogy engedné, hogy elégedettek legyünk a jelenlegi állapotunkkal, azt szeretné, hogy növekedjünk addig, amíg elérjük a saját szintjét, a Teremtő szintjét. Ez végül is a Teremtés célja.

Tehát két lehetőségünk van: választhatjuk, hogy a Természet nyomása szerint fejlődünk, ami talán kellemetlen lehet, vagy fájdalommentesen lépünk előre, azzal, hogy aktívak leszünk a tudatosságunk kiépítésében. A passzívnak és fejletlennek maradás nem lehetőség, mert nem is illik a Teremtés tervébe.

Amikor a spirituális szintünk előre kezd lépni, ez csak akkor történhet meg, ha *szeretnénk* előrelépni, és elérni ugyanazt az állapotot, ami a Teremtőé. Épp úgy, ahogy a Negyedik fázisban a Négy fázisból, most más *önkéntesen* kell megváltoztatnunk a vágyunkat.

Ennélfogva a természet folyamatosan nyomást fog ránk gyakorolni. Ezentúl is lesznek hurrikánok, földrengések, járványok, terrorizmus és mindenféle természetes vagy ember által épített nehézség, ameddig fel nem ismerjük, hogy meg *kell* változnunk, hogy muszáj tudatosan visszatérnünk a gyökerünkig.

Ahogyan azt mondtuk, a fizikai világot akkor teremtették, amikor *Adam Ha Rison* lelke széttört. Ebben az állapotban minden vágy megjelent egyenként a könnyűtől a nehézig, a mozdulatlantól a spirituálisig, fázisról fázisra megteremtve a világunkat.

Ma, a 21. század kezdetén, minden fokozatot teljesítettünk, kivéve a vágyat a spiritualitásra, amivel most szembesülünk. Amikor korrigáljuk ezt, egyesülni fogunk a Teremtővel, mert a vágyunk a spirituálisra valójában az arra való vágy, hogy Ővele egyesüljünk. Ez lesz a csúcsa a világ és az emberiség evolúciós folyamatának.

Tudatosan növelve a vágyunkat, hogy visszatérjünk a spirituális gyökerünkig, spirituális *Klit* építünk. A Körülölelő Fény korrigálja a *Klit* és fejleszti. A fejlődés minden új szintje új *Resimót* éleszt fel, a múlt egy állapotának felvételét, amit akkor tapasztaltunk, amikor jobban korrigáltak voltunk. Valójában a Körülölelő Fény az egész *Klit* korrigálja, és *Adam Ha Rison* lelke minden részével és a Teremtővel is egyesül.

De ez a folyamat egy kérdéshez vezet: ha a *Resimók* bennem vannak felvéve, és az állapotok, amiket előidézek és megtapasztalok, szintén bennem vannak, akkor hol van ebben az objektív valóság? Ha egy másik embernek különböző *Resimója* van, ez azt jelenti-e, hogy ő egy az enyémtől különböző világban él? És mi a helyzet a spirituális világokkal, hol léteznek, ha minden tapasztalat csak bennem létezik? Sőt mi több, hol van a „Teremtő otthona"?

A III. rész megpróbál választ adni ezekre a kérdésekre.

III. rész

Beszéljünk a valóságról

5. Minden egyben és egy mindenben

> „Egy nagyszerű világot látunk magunk előtt, és a csodás dolgokat, amiket az tartalmaz. De valójában ezt bennünk látjuk. Más szavakkal, van egyfajta fotográfiai gép az agyunk hátsó felében, ami leír mindent, amit látunk, és semmi sincs magunkon kívül."
>
> Baál HaSzulám: „Előszó a Zohár könyvéhez"

Az összes váratlan fogalom közül, ami a Kabbalában van, nincs semmi olyan megjósolhatatlan, felfoghatatlan és lenyűgöző, mint a valóság fogalma. Ha nem létezett volna Einstein és az őt követő fizikusok, akik forradalmasították a módot, ahogyan a valóságról gondolkozunk, az itt bemutatott gondolatokat abszurdnak tekintenék.

Az előző fejezetben azt mondtuk, hogy az evolúció a növekvő egoista vágyunkról szól. De ha a vágyaink hajtják a világunk evolúcióját, mi történne, ha nem lennének vágyaink? Mivel a vágyak hajtják az evolúciót, talán a világunkat a vágyunkon belül képzeljük el, amit szeretnénk elhinni.

A Harmadik fejezetben azt mondtuk, hogy a Teremtés a Teremtés Gondolatától kezdődött, ami megteremtette a Fény négy alapvető fázisát. Ezek a fázisok tíz *Szfirából* állnak: *Keter* (Gyökér fázis), *Hohma* (Első fázis), *Bina* (Második fázis), *Heszed, Gvura, Tiferet, Necah, Hod* és *Jeszod* (amik összessége a Hár-

mas fázist teszi ki – a *Zeir Anpint*) és *Malhut* (Negyedik fázis).
A *Zohár könyve* kimondja, hogy a teljes valóság csak a tíz
Szfirából áll, vagy a négy alapfázisból (9. ábra).

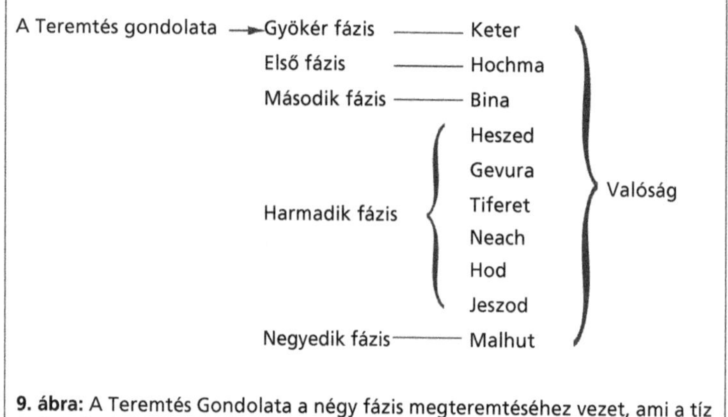

9. ábra: A Teremtés Gondolata a négy fázis megteremtéséhez vezet, ami a tíz *Szfirát* foglalja magában. Ez a teljes valóság szerkezete.

Ahogyan az atomok a világunk alapelemeit építik fel, a tíz-*Szfira*-szerkezet a spirituális világok építőeleme. Mindkettő „pozitív", adó részből áll, ami a *Szfirákat Ketertől Jeszodig* tartalmazza és a „negatív", megszerző részből, a *Malhutból*. Ez az alapvető, oszthatatlan szerkezete a spirituális valóságnak.

Az előző fejezetben azt mondtuk, hogy az „egyetlen különbség az emberek között a mód, ahogyan meg akarják tapasztalni az örömöt" a vágyaikban. Így a különféle vágyaink különféle valóságot teremtenek nekünk, minden „valóság" ugyanabból az alapvető lényegiségből áll: a vágyból, hogy élvezetet kapjunk.

Amikor a testi, egoista vágyainkat használjuk, hogy megtapasztaljuk a valóságot, ezt a tapasztalatot „mi világunknak" hívjuk. És amikor a tíz-*Szfirás* rendszert tapasztaljuk meg a spirituális edényeinkkel, azt „spirituális világnak" hívjuk. A spirituális vágyaknak más nevük van, *Kelim* (edények).

Ahogyan érzékszervekre van szükségünk, hogy felfogjuk a fizikai valóságot, ugyanígy edényekre van szükség, hogy felfogjuk a spirituális valóságot. A Kabbala bölcseletének célja, hogy segítsen kifejleszteni ezeket az edényeket. Ahogyan az agyunk az ábécé betűit használja, hogy tanulmányozza és leírja a világot, a spirituális edényeink a tíz-*Szfirát* használják, hogy tanulmányozzák és leírják a spirituális világokat.

És végül, hogy megértsük ezt a világot, bizonyos megszorításokat és szabályokat kell követnünk a tanulás és kísérletezés közben. Ugyanígy ahhoz, hogy elérjük a legpontosabb megértést a spiritualitásban, tudnunk kell, hogy milyen szabályokat és megszorításokat kövessünk a spirituális világokban.

A Felső Világok tanulmányozásának három határa

A spirituális világoknak három határvonala vagy útmutatója van. Ahhoz, hogy elérjük a Teremtés célját és a Teremtővel váljunk hasonlatossá, csak követnünk kell őket.

A Kabbalista tanácsa

A Kabbalista tippek sosem erőltetettek vagy kényszerítőek. Azt javasolják, döntsük el mi, hogy követni akarjuk-e a tanácsukat vagy sem. Az „Előszó a Zohár könyvéhez" című művében Baál HaSzulám három határvonalat mutat be. Elmagyarázza, hogy őket követve tudunk a legkönnyebben és leggyorsabban elérkezni a spiritualitásba. Azt is mondja, hogy ezek az útmutatások jelentik az egyetlen lehetőséget arra, hogy a Kabbalát olyan módon tanuljuk, ami spirituális felfogást ad. De az író azt mondja, van más út is a tanulásra; bár figyelmeztet, hogy azok spirituálisan hatástalanok, a lehetőség nyitva áll bárkinek, hogy kipróbálja azokat.

Első határ – Amit felfogunk

Az „Előszó a Zohár könyvében" című művében Baál HaSzulám azt írja, hogy négy kategóriája van a felfogásnak – Anyag, Forma az Anyagban, Elvont Forma és Lényegiség. Amikor a spirituális Természetet kutatjuk, csak azokkal a kategóriákkal kell dolgoznunk, amik szilárd, megbízható információval szolgálnak.

Második határ – Ahol felfogunk

Ahogy már előzőleg mondtuk, mi mind *Adam Ha Rison* lelkének részei vagyunk, ami a Felső Világokból született és darabokra tört. A *Zohár* megtanítja, hogy a legtöbb rész – hogy pontosak legyünk, kilencvenkilenc százalék – a *Bria, Jecira* és *Asszija* (*BYA*) világokban van, és a fennmaradó százalék van az *Acilut*ban.

Így Ádám széttört lelkét a *BYA* világok teszik ki. És mivel mi mind annak a léleknek a részei vagyunk, minden, amit felfogunk, csak ezeknek a világoknak a része lehet. Akkor is, ha elérjük a spiritualitást, minden, amit úgy érzékelünk, mintha felsőbb világokból jönne, mint a *BYA*, például az *Acilut*ból vagy az *Adam Kadmon*ból, olyan tükörkép, amit a *BYA* világain keresztül látunk.

A mi világunk a *BYA* világainak legalacsonyabb szintje. Valójában a fokozat, amit „mi világunknak" hívunk, teljesen ellentétes természetű a spirituális világokkal. Ezért nem érezzük őket a mi világunkban. Mintha két ember háttal állna egymásnak és ellentétes irányba menne. Mi az esélyük arra, hogy találkoznak egymással?

De amikor korrigáljuk magunkat, „felnyitjuk a szemünket" és felfedezzük, hogy a BYA világaiban élünk. Valójában velük emelkedünk fel az *Acilut*ba és az *Adam Kadmon*ba.

HARMADIK HATÁR – KI FIGYEL

Bár a *Zohár* leírja minden egyes világ tartalmát és azt, hogy részletesen mi történik ott, olyan ez, mintha egy fizikai helyen volnánk, ahol ezek a folyamatok feltárulnak, csak a lélek tapasztalataira utal. Más szavakkal azt írja le, hogyan *fognak fel* Kabbalisták dolgokat, és elmondja, hogyan tudjuk mi is megtapasztalni őket. Ennélfogva amikor a *Zohárban* azt olvassuk, hogy mi történik a *BYA*-ban, valójában azt tanuljuk, hogy Simon Bár Joháj rabbi (Rásbi), a *Zohár írója* hogyan fogta fel a spirituális állapotokat.

Ugyanígy amikor a Kabbalisták a *BYA* feletti világokról írnak, nem valójában azokról a magasabb világokról írnak, hanem hogy az *írók* hogyan fogták fel ezeket a világokat, amíg a *BYA* világain belül voltak. És mivel a Kabbalisták a személyes tapasztalataikról írnak, vannak hasonlóságok és különbözőségek a Kabbalista írások között.

Néhány az írások közül a világok általános szerkezetével kapcsolatos, mint például a *Szfirák* nevei és a világok. Ez különösen igaz olyan Kabbalista tanítóra, mint például Baál HaSzulám vagy az Ari. Más írások Kabbalisták személyes tapasztalataival kapcsolatosak ezekben a világokban.

Például ha mesélek a barátomnak a New York-i utamról, arról beszélhetek, hogy milyen a Times Square vagy a nagy hidak, amik összekötik Manhattant a kontinenssel. De arról is beszélhetek, hogy milyen lenyűgöző volt a Brooklyn Bridge-en átmenni, és milyen érzés a Time Square közepén állni, amikor körbevesz a rengeteg fény, szín és hang, a teljes névtelenség érzésébe beburkolva.

A különbség az első két példa és a második kettő között, hogy a második kettőben személyes tapasztalatról számolok be. Az első kettőben olyan benyomásokról beszélek, amit mindenki tapasztalhat, aki elmegy Manhattan-be, bár mindenki máshogy fogja tapasztalni azokat.

A *Zohár könyvét* nem szabad úgy kezelni, mint misztikus események riportját vagy mesék gyűjteményét. Mint az összes Kabbala-könyvet, a *Zohárt* is úgy kell használni, mint egy tanulási eszközt. Ez azt jelenti, hogy a könyv csak akkor segít neked, ha meg szeretnéd tapasztalni, amit leír. Egyébként a könyv csak kis segítséget fog nyújtani, és nem fogod megérteni.

A Kabbalista szövegek megértése a helyes *szándéktól* függ, miközben olvassuk őket, az októl, amiért kinyitottuk őket, *nem* pedig az intellektuális képességektől. Csak ha szeretnénk a szövegben leírt altruista tulajdonságok felé változni, akkor lesz hatással ránk a könyv.

Amikor az első határról beszéltünk, azt mondtuk, hogy a *Zohár könyve* csak az Anyag és a Forma az Anyagban nézőpontjából beszél. Baál HaSzulám elmondja, hogy a *Zohár könyvé*ben az Anyagot megszerzésvágynak írják le, és a Forma az Anyagban a szándék, amivel a megszerzésvágy működik – számomra és mások számára.

Egyszerűbb kifejezésekkel élve: Anyag = megszerzésvágy; Forma = szándék.

Az adományozás Formáját önmagában az „*Acilut*" világának hívjuk. Az adományozás Absztrakt Formája a Teremtő tulajdonsága; teljesen nincs kapcsolatban a teremtményekkel, és akik megkapják ezt a természetük szerint. Viszont a teremtmények (emberek) tudják a megszerzésvágyukat adakozás *Formájába* öltöztetni, tehát az adományozássá változhat. Más szavakkal: tudunk megszerezni és ezt megtéve adókká tudunk változni.

Két oka van, hogy nem tudunk egyszerűen adni:

Ahhoz, hogy adjunk, valakinek kapnia kell. De rajtunk kívül (a lelkeken kívül) csak a Teremtő létezik, aki nem akar kapni semmit, mivel a természete adakozó. Ennélfogva az adás nem egy működőképes lehetőség számunkra.

Mivel a Teremtő adni akar, Ő eredetileg megszerzésvággyal teremtett meg minket. A megszerzés a lényegiségünk, az Anyagunk.

Ez az utóbbi ok összetettebb, mint amilyennek elsőre tűnhet. Amikor a Kabbalisták arról írnak, hogy csak megszerezni akarunk, nem azt értik ezalatt, hogy minden, amit *teszünk* megszerzés, de ez a motiváció minden mögött, amit csinálunk. Nagyon tisztán fogalmazzák ezt meg: ha nem ad nekünk örömöt, nem tudjuk megtenni. Ez nem olyan dolog, amit nem akarunk megtenni, valójában képtelenek vagyunk rá.

Ez azért van így, mert a Teremtő (Természet, az Adó Erő) csak a megszerzésvággyal teremtett meg minket, mert ő csak adni akar. Ennélfogva nem kell megváltoztatnunk a cselekedeteinket, hanem csak az az alatt nyugvó motivációt.

A valóság helyes felfogása

Sok kifejezés írja le a „megértést". A Kabbalisták a legmélyebb szintű megértést „elérésnek" hívják. Mivel a spirituális világokat tanulmányozzák, a céljuk a „spirituális elérés". Az elérés olyan alapos, átfogó megértést és felfogást jelent, hogy nem marad megválaszolatlan kérdés. A Kabbalisták azt írják, hogy az emberiség evolúciójának végén el fogjuk érni azt az állapotot, amit úgy hívnak· „A Formák Egyenlősége".

Azért, hogy elérjük ezt a célt, a Kabbalisták gondosan definiálták, hogy a valóság melyik részeit kell tanulmányoznunk, és melyiket nem. Ahhoz, hogy ezt a két utat meghatározzák, a Kabbalisták nagyon egyszerű alapelvet követtek: Ha a tanulmány azt segíti elő, hogy gyorsabban és pontosabban tanulunk, akkor tanulnunk kell azt, ha nem, akkor ne vegyük figyelembe.

Ennélfogva a Kabbalisták általában, és a *Zohár könyve* különösen figyelmeztet minket rá, hogy csak azt tanuljuk, amit abszolút bizonyossággal fel tudunk fogni. Amikor ötletelnünk kell, ne vesztegessük az időnket, mert az eredmény kérdéses lesz.

A Kabbalisták azt is mondják, hogy a felfogás négy kategóriájából – Anyag, Forma az Anyagban, Elvont Forma, és Lényegiség – csak az első kettőt tudjuk bizonyosan felfogni. Így minden, amiről a *Zohár* ír, a vágyakról szól (Anyag) és arról, hogyan használjuk őket: magunknak és a Teremtőnek (Forma az Anyagban).

Jehuda Áslág, a Kabbalista azt írja, hogy „Ha az olvasó nem tudja, hogyan legyen körültekintő a határokkal, és kivesz anyagot az összefüggésből, akkor rögtön összezavarodik". Ez történhet akkor, ha nem korlátozzuk a tanulmányainkat az Anyagra és a Formára az Anyagban.

A spiritualitásban nincs olyan dolog, hogy „tiltás". Amikor a Kabbalisták azt mondják valamire, hogy az „tilos", ez azt jelenti, hogy elérhetetlen, felfoghatatlan. Amikor azt mondják, hogy tilos tanulnunk az Absztrakt formáról vagy a Lényegiségről, ez nem azt jelenti, hogy villám fog belénk csapni, hogyha mégis megtesszük; pusztán azt jelenti, hogy nem remélhetünk tőlük valódi felfogást, még akkor sem, ha tényleg akarjuk.

Áslág az elektromosságot használja, hogy elmagyarázza, miért felfoghatatlan a Lényegiség. Azt mondja, hogy az elektromosságot sok különféle módon tudjuk használni, mint például fűtés, hűtés, zenelejátszás és videózás. Az elektromosság több Formába öltözhet; de ki tudjuk-e fejezni az elektromosság lényegét?

Használjunk másik példát, hogy elmagyarázzuk a négy kategóriát – Anyag, Forma az Anyagban, Elvont Forma és Lényegiség. Amikor azt mondjuk, hogy egy bizonyos ember erős, mi valójában az anyagára utalunk – a testre – és a Formára, ami ebbe az Anyagba öltözteti, az erőre.

Ha elvesszük az erő Formáját az Anyagból (az ember testét), és az erő Formáját külön vizsgáljuk, az Anyagtól megfosztva, akkor az erő Absztrakt Formáját vizsgáljuk.

A negyedik kategória, az ember Lényegisége maga, teljesen elérhetetlen. Egyszerűen nincs olyan érzékünk, ami „tanulmányozni" tudná a Lényeget, és lefesthetné egy felfogható módon. Ennek eredményeképpen a Lényegiség az nemcsak valami, amit nem ismerünk jelenleg, hanem *sosem* fogjuk megismerni.

A zavarodottság csapdája

Miért kéne csak az első két kategóriára fókuszálnunk? A probléma az, hogy amikor a spiritualitással foglalkozunk, nem tudjuk, mikor vagyunk összezavarodva. Ennélfogva rossz irányba mehetünk és eltávolodhatunk az igazságtól.

Az anyagi világban ha nem tudom, mit szeretnék, fel tudom mérni, hogy megkapom-e vagy sem, vagy legalább hogy a jó irányban vagyok-e a megszerzése felé. Sajnos a spiritualitással nem ez a helyzet. Ebben az arénában, ha hibázom, nemcsak hogy nem kapom meg, amit akartam, de elveszíthetem a jelenlegi spirituális fokomat. A Fény elhomályosodik, és vezető nélkül nem vagyok képes irányba helyezni magam. Ezért olyan fontos megérteni a három határt, és követni őket.

Egy nem létező valóság

Most, hogy megértettük, mit tudunk tanulmányozni és mit nem, vegyük szemügyre, mit tanulunk és mit fogunk fel az érzékelésünkkel. Baál HaSzulám, aki az egész valóságot tanulmányozta, és aztán írt a felfedezéseiről, azt mondta, hogy nem tudjuk és nem tudhatjuk, mi létezik rajtunk kívül. Például nem tudjuk, mi létezik a fülünkön kívül, mi készteti a fülünket válaszra. Minden, amit tudunk, az, hogy a fülünk egy ingerre reagál kívülről.

Még a neveknek – amiket egy jelenséghez kapcsolunk – sincs közük magához a jelenséghez, csak a mi reakcióinkhoz vele kapcsolatban. Bármelyik adott pillanatban számos történés eshet meg közvetlenül a közelünkben, de nem vagyunk tudatában azoknak. Figyelmen kívül hagyják az érzékeléseink, mert csak ahhoz a jelenséghez vagyunk képesek kapcsolódni, amit az érzékszerveink fel tudnak fogni. Ezért nem tudjuk felfogni semmi Lényegiségét, ami rajtunk kívül esik: csak a reakciókat tanulmányozzuk a történésekre és dolgokra, nem a történéseket és a dolgokat magukat.

A felfogás ezen szabálya nem csak a spirituális világokra igaz; ez az egész Természet törvénye. A valósághoz kapcsolódás ilyen módon azonnal felismerteti velünk, hogy nem azt látjuk, ami valójában létezik. Ez a megértés a legfőbb, ha a spirituális folyamatot el akarjuk érni.

Hogy helyesen kapcsolódjunk a valósághoz, nem szabad azt gondolnunk, hogy amit felfogunk, az a „valódi" kép. Más szavakkal a tény, hogy egy vörös almát vörösnek látunk, nem jelenti azt, hogy az vörös, csak hogy vörösnek *fogom fel* azt.

Valójában, ha fizikusokat kérdezünk meg, azt fogják mondani, hogy az egyetlen állítás, amit tudunk tenni egy vörös almával kapcsolatban, hogy az *nem* vörös. Ha emlékszünk a *Maszah* (Ernyő) működésére, tudhatjuk, hogy azt kapja meg, amit a Teremtőért képes megkapni, és viszszaveri a többit.

Ugyanígy egy tárgy színét az a Fény határozza meg, amiket a megvilágított tárgy *nem tudott* elnyelni. Nem a dolog színét látjuk, hanem a fényt, amit a tárgy *visszavert*. A tárgy valódi színe az a fény, amit elnyelt; de mivel elnyelte ezt a fényt, nem érheti el a szemünket, ennélfogva nem tudjuk látni azt. Ezért a vörös alma valódi színe minden, csak nem vörös.

Íme, ahogy Baál HaSzulám az „Előszó a Zohár könyvéhez" című művében viszonyul a Lényegiség felfogásának hiányához: „Tudvalevő, hogy amit nem érzünk, azt nem is tudjuk elképzelni; és amit nem érzékelünk, nem tudjuk azt sem elképzelni. … Ezt követi, hogy a gondolatnak nincs felfogása egyáltalán a Lényegiségről."

Más szavakkal, mivel nem tudjuk a Lényegiséget érzékelni, bármiféle Lényegiséget, nem tudjuk felfogni azt. De a fogalom, ami a legtöbb Kabbala-tanulót eltereli, amikor először tanulmányozza Baál HaSzulám Előszavát, az, hogy milyen keveset is tudunk *önmagunkról*. Íme mit írt ezzel kapcsolatban: „Sőt mi több, nem is ismerjük a saját Lényegiségünket. Érzem és tudom, hogy bizonyos teret kitöltök a világban, hogy szilárd vagyok, meleg, és hogy gondolkozom, amik a Lényegiségem működésének testet öltései. Mégis ha felteszem a kérdést, hogy mi az én Lényegiségem… nem fogom tudni, mit válaszoljak neked.

A mérőszerkezet

Nézzük a felfogási problémánkat egy mechanikusabb szögből. Az érzékeink olyan műszerek, amik lemérnek mindent, amit felfogunk. Amikor egy hangot hallunk, megállapítjuk, hogy az hangos vagy lágy; amikor egy tárgyat látunk (általában), meg tudjuk mondani a színét; és amikor megérintünk valamit, azonnal tudjuk, hogy az meleg-e vagy hideg, nedves vagy száraz.

Minden mérőeszköz ugyanígy működik. Gondoljunk egy erőmérőre egy kilós súllyal. A hagyományos mérési szerkezet egy rugóból áll, ami a súlynak megfelelően nyúlik, és egy skála jelzi a rugó feszességét. Amikor a rugó nem nyúlik tovább és megmarad egy bizonyos ponton, a skála számai megmutatják a súly mértékét. Valójában nem a súlyt mérjük, hanem az egyensúlyt a rugó és a súly között (10. ábra).

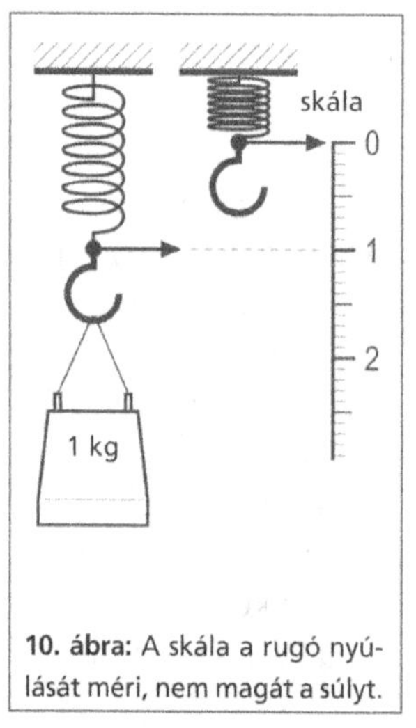

10. ábra: A skála a rugó nyúlását méri, nem magát a súlyt.

Ezért mondja Baál HaSzulám, hogy nem tudjuk felfogni az Elvont Formát, a tárgyat önmagában, mert abszolút nincs vele kapcsolatunk. Ha a tárgyat egy rugóra tesszük és megmérjük, hogyan nyúlik a rugó, eredményt kapunk. De ha nem tudjuk megmérni, mi történik kívül, ha nincs felfogásunk a külső dologról, olyan, mintha nem is létezne az adott dolog. Sőt mi több, ha egy hibás rugót használunk, hogy megmérjük a külső tárgyat, akkor hibás eredményt kapunk. Ez történik, amikor idősebbek leszünk és az érzékeink elkezdenek elkopni.

Spirituális kifejezésekkel: a külső világ jelenti az Elvont Formákat a számunkra, mint például a súly is. A rugó és a mérce használatával – a megszerzésvággyal és az adományozással – megmérjük, mennyi Elvont formát tudunk megkapni. Ha egy olyan mércét tudnánk megépíteni, ami „lemérhetné" a Teremtőt, úgy érzékelhetnénk Őt, ahogyan a mi világunkat érzékeljük.

A hatodik érzék

Kezdjük ezt a részt egy kis fantáziálással: sötét helyen vagy, teljes ürességben, nem látsz egy dolgot sem; nem hallasz egy hangot sem, nincsenek szagok vagy ízek és nincs semmi, amit meg tudnál érinteni magad körül. Most képzeld azt, hogy olyan hosszú ideig vagy ebben az állapotban, hogy el is felejted, hogy valaha érezni tudtál ilyen dolgokat. Valójában azt is elfelejted, hogy ilyen érzékelések létezhetnek.

Hirtelen megjelenik egy gyenge aroma. Erősebbé növekszik, körülvesz téged, de nem tudod meghatározni a helyét. Ekkor több illat jelenik meg, némelyik erős, másik gyenge, némelyik édes, másik savanyú. Ezeket használva már megtalálod az utadat a világban. A különféle aromák különféle helyekről jönnek, és megtalálod az utadat őket követve.

És akkor előzetes figyelmeztetés nélkül hangok jelennek meg körülötted. Sokféle hang; némelyik zenéhez hasonló, mások szavak, és van, ami egyszerűen csak zaj. De a hangok járulékos eligazodást adnak a térben.

Most már meg tudod mérni a távolságokat, irányokat; megpróbálhatod kitalálni a szagok eredetét, és a hangokét, amit hallasz. Már nem csak egy tér van, amiben vagy; ez illatok és hangok teljes világa.

Egy idő múlva úgy felfedezést teszel, amikor valami megérint. Nem sokkal ezután több dolgot meg tudsz érinteni. Némelyik hideg, némelyik meleg, valamelyik száraz, a másik nedves. Valamelyik kemény, a másik puha; van olyan is, amiről nem tudod eldönteni, hogy milyen. Felfedezed, hogy néhány ilyen dolgot a szádba tudsz tenni, és azoknak különféle ízük van.

Mostanra hangok, illatok, érzések és ízek ingergazdag világában élsz. Meg tudod érinteni a világod tárgyait, és tanulmányozni tudod a környezetedet.

Ez a születésétől fogva vakok világa. Ha a cipőjükben járnál, éreznéd-e a szükségét a látás képességének? Tudnád-e, hogy nincs meg a számodra? Soha, hacsak valaki nem beszél róla neked vagy megvolt neked azelőtt.

Ugyanez igaz a hatodik érzékre. A Kabbala-könyvek nélkül sose tudnánk, hogy egyszer már birtokoltuk. Bár nem emlékszünk arra, hogy milyen, ha megvan nekünk ez az érzés, mindegyikünkben megvolt *Adam Ha Rison* törése előtt, aminek mi mind a részei vagyunk.

A hatodik érzék nagyon hasonlóan működik, mint a természetes érzékeink. Az egyetlen különbség, hogy a hatodik érzéket nem a természet adja; fejlesztenünk és művelnünk kell azt. Valójában a „hatodik érzék" kicsit félrevezető, mert valójában nem új érzéket fejlesztünk; egy *szándékot* fejlesztünk, új hozzáállást a valóságunk felfogásához.

Amíg fejlesztjük ezt a szándékot, tanulmányozzuk a Teremtő Formáit, az Adományozás Formáit, ami ellentétes a természetes egoista hozzáállásunkkal. Ezért van, hogy a hatodik érzéket nem adta meg a Természet, mivel ellentétes velünk.

A szándék megépítése minden vágy felett, amit érzünk, tesz abban tudatossá, hogy kik vagyunk, ki a Teremtő, és hogy szeretnénk-e vagy sem Őhozzá hasonlatosak lenni. Csak ha két lehetőség adott számunkra, akkor tudunk igazán döntést hozni. Ennélfogva a Teremtő nem kényszerít minket, hogy legyünk altruisták, mint Ő, de megmutatja, hogy kik vagyunk mi és kicsoda Ő, és hagyja, hogy meghozzuk a saját döntésünket. Ha egyszer döntést hoztunk, olyan emberekké válunk, amilyenek szándékozunk lenni: Teremtőhöz hasonlatosak vagy sem.

Akkor miért hívjuk az adakozás szándékát „hatodik érzéknek"? A válasz egyszerű: azzal, hogy a Teremtővel ugyanolyan szándékunk van, a Teremtőhöz válunk hasonlatossá. Ez azt jelenti, hogy nemcsak a szándékunk fog megegyezni, de mivel egyenlő formát veszünk fel Ővele, úgy látunk és fogunk fel dolgokat, ahogy egyébként nem volnánk arra képesek. Valójában az Ő szemein keresztül kezdünk el látni!

Teremtsd meg a tökéletes valóságodat

A Harmadik fejezetben elmagyaráztuk a *Kli* készítését a Teremtő Fényén keresztül. Valójában a kettő közül a *Kli* fontosabb számunkra, mint a Fény, még akkor is, ha a későbbi megszerzése az igazi célunk.

Tisztázzuk ezt egy példával. A *„Mi a csudát tudunk a világról?"* című filmben (az angol címe: *„What the Bleep Do We Know!?"*) Dr. Candace Pert elmagyarázza, hogy ha egy bizonyos forma nem létezik bennem, nem vagyok képes kívül érzékelni azt. Példaképpen azt a történetet mondja el, hogyan fedezték fel az indiánok Kolumbusz hajóit. Azt mondja, hogy az indiánok nem voltak képesek észrevenni őket, akkor sem, amikor egyenesen rájuk néztek.

Dr. Pert elmondja, hogy az indiánok nem látták a hajókat, mert nem volt meg az ilyen hajók modellje az elméjükben *azelőtt*, mielőtt rájuk bukkantak. Csak a sámán – aki kíváncsi volt a furcsa morajok forrására, ami látszólag sehonnan sem jött – tudta felfedezni őket, miután elképzelte, hogy mi okozhatja a zajokat. A képzelete számos formát okozott az elméjében, és amikor az elméjében alkotott kép már hasonlított a hajókra, akkor fedezte fel őket. Ezen a ponton elmondta a törzs embereinek, hogy mit látott, és így ők is meg tudták látni a hajókat.

Kabbalista módon megfogalmazva, belső *Kli* kell ahhoz, hogy egy külső tárgyat érzékelni tudjunk. Valójában a *Kelim* (a Kli többes száma) nemcsak észleli a külső valóságot, hanem meg is teremti azt! Így Kolumbusz armadája csak az elmékben létezett, az indiánok belső *Kelim*jében, akik meglátták azt és jelentették.

 **Ha egy fa eldől az erdőben és senki nincs körülötte, akkor is hangot ad ki?**

Ez a híres Zen *koan* (különleges fajta Zen rejtvény) Kabbalista kifejezésekkel is elmondható: Ha nincs *Kli*, ami érzékeli a fa zaját, akkor hogyan tudhatjuk, hogy ad-e ki hangot egyáltalán? Ugyanígy, Kolumbusz felfedezését is Zen *koan*ná tudjuk tenni, és megkérdezhetjük: „Létezett azelőtt Amerika, hogy Kolumbusz felfedezte azt?"

Nincs olyan dolog, hogy „külső világ". Vágyak vannak, *Klik*, amik megteremtik a külső világot az alakzataiknak megfelelően. Körülöttünk csak az Elvont forma létezik, a megfoghatatlan és felfoghatatlan Teremtő. Azzal alakítjuk a világunkat, hogy a felfogásunk eszközeit alakítjuk, a saját *Klinkkel*.

Ennélfogva nem fog segíteni, ha megkérjük a Teremtőt, hogy változtassa jobbá a körülöttünk található világot. A világ nem rossz vagy jó; ez a saját *Klink* állapotának tükörképe. Amikor a *Klinket* kijavítjuk, és csodálatossá tesszük, a világ szintén csodálatos lesz. A *Tikkun* (korrekció) belül van és a Teremtő is. Ő a mi korrigált önmagunk.

Ehhez hasonlóan, egy éjszakai bagoly számára az éjszaka az a sötét erdőben, amikor legjobban látni tud. Számunkra ez megnyugtató vakságot jelent. A valóságunk nem más, mint a belső *Kelim* kivetülése, amit „valódi világnak" hívunk, csak a belső korrekciónk vagy korrupciónk tükörképe. Valójában egy elképzelt világban élünk.

Ha az elképzelt világ fölé szeretnénk érkezni, a valódi világba, az igazi felfogáshoz, az igazi *Kelim*hez kell alkalmazkodnunk. A nap végén, akármit is képzelünk, a belső elrendezésünk szerint lesz, aszerint, hogy hogyan építjük fel önmagunkban ezeket a modelleket. Nincs számunkra semmi, amit odakint felfedezhetnénk, semmi, amit feltárhatunk, kivéve az elvont Felső Fényt, ami működik rajtunk és új képeket tár fel bennünk, attól függően, hogy készek vagyunk-e elfogadni őket.

Most minden, ami megmarad, csupán az, hogy megtanuljuk, hol tudjuk megtalálni a korrigált *Kelim*et. Ez bennünk létezik, vagy fel kell építenünk? És ha meg kell építenünk őket, hogyan kezdünk ehhez hozzá? Ez lesz a következő részek témája.

A Teremtés gondolata

A *Klik* a lélek építőelemei. A vágyak az építőanyag, a tégla és a fa; a szándékaink az eszközeink, a csavarhúzóink, fúróink és kalapácsaink.

De amikor házat építünk, rá kell néznünk a tervekre, mielőtt a munkához látunk. Sajnos a Teremtő, vagy a terv Építésze vonakodik odaadni ezeket nekünk. Ehelyett azt szeretné, ha függetlenül tanulmányoznánk és elvégeznénk a lelkeink Mester Terveit. Csak ezen a módon tudjuk megérteni az Ő gondolatait, és hasonlóvá válni Őhozzá.

Ahhoz, hogy megtanuljuk, ki is Ő, figyelemmel kell néznünk, hogy mit csinál, és a cselekedeteinken keresztül kell megértenünk Őt. A Kabbalisták nagyon szűkszavúan fogalmazzák meg ezt: „A cselekedeteidről ismerünk meg Téged."

A vágyaink, a lélek nyersanyagai, már léteznek. Ő adta őket nekünk, és nekünk csak meg kell tanulnunk, hogyan használjuk őket helyesen és helyezzük rájuk a helyes szándékokat. Ekkor a lelkeink ki lesznek javítva.

De ahogyan azt már ezelőtt mondtuk, a helyes szándékok az altruista szándékok. Más szavakkal, azt kell kívánnunk, hogy mások hasznára váljanak a vágyaink, nem az önmagunkéra. Ezt megtéve valójában magunknak fogunk hasznot hozni, mivel mi mindannyian *Adam Ha Rison* lelkének részei vagyunk. Akár szeretnénk, akár nem, ha másokat megkárosítunk, ez úgy jön vissza hozzánk, ugyanolyan határozottan, mint ahogy egy bumeráng visszatér az eldobójához.

Ismételjük el egy pillanatra. Egy korrigált *Kli* egy olyan vágy, ami altruista szándékkal bír. És ugyanígy egy romlott *Kli* egy olyan vágy, amit egoista szándékok hajtanak. Egy *Kli* altruista módon történő felhasználásával éppen úgy használjuk a vágyat, ahogyan a Teremtő teszi ezt, és így egyenlővé válunk Óvele, legalábbis az adott vágy tekintetében. Így tanuljuk meg az Ő gondolatát.

Az egyetlen problémánk csak az, hogy hogyan változtassuk meg a szándékokat, amivel a vágyainkat használjuk. De hogy ez megtörténjen, legalább egy másféle módot kell meglátnunk, ahogyan használhatjuk azokat. Példára van szükségünk, hogy néznek ki a másféle szándékok, vagy milyen érzés az, hogy el tudjuk dönteni, akarjuk-e ezt vagy sem. Amikor semmilyen más módot nem látunk a vágyaink használatára, csapdába ejt minket, amink már van. Ebben az állapotban hogyan tudunk más szándékokat megtalálni? A következő rész ezt válaszolja meg.

Vissza a jövőbe

A Kabbalisták elmagyarázzák, hogy ha azt gondoljuk, hogy valamiben hiányt szenvedünk, az valójában egy csapda, de nem egy patthelyzet. Ha a *Resim*ónk útját követjük, egy példa magától meg fog mutatkozni a másféle szándékra. Tehát vizsgáljuk meg ismét a *Resimó* fogalmát, és nézzük meg, hogyan segít ki minket a csapdából.

A *Resimó*, ahogyan a Negyedik Fejezetben elmondtuk, egy felvétel, az elmúlt állapotunk emlékezete. Minden *Resimó*, amit a lélek a spirituális útján tapasztal, egy különleges „adattárban" gyűlik össze.

Amikor fel szeretnénk mászni a spirituális létrán, ezek a *Resimók* magukba foglalják az ösvényünket. Felszínre kerülnek, és mi újra megéljük őket. Minél gyorsabban tapasztalunk meg újra egy *Resimót*, annál gyorsabban merítjük azt ki, és lépünk tovább a következő emlékre.

A következő *Resimó* az az állapot, ami a jelenlegi állapotunkat megteremtette, amikor alászállt a négy alapfázisból, az *ABYA* világain le a világunkba. Mivel most felmászunk vissza a létrán, a következő *Resimó* az őse a jelenlegi állapotunknak, és ennélfogva magasabb, mint a jelenlegi állapot.

Mindig emlékeznünk kell rá, hogy a spirituális gyökereink *fent* vannak, nem lent. A gyökerekhez visszatérés mászást jelent, nem leásást. Ezért van, hogy a mászás a visszatérés a gyökerekhez, és amiért a *Resimó*, ami megjelenik a mászás közben, mindig magasabb spirituális állapothoz tartozik. Annak az oka, hogy nem tapasztaljuk ezt magasabbnak, a saját romlottságunk, nem a *Resimó* aktuális szintje, amit tapasztalunk.

KÉT HOZZÁÁLLÁS, KÉT ÚT

Nem tudjuk megváltoztatni a *Resimók* rendjét. Ezt már meghatározta az utunk lefelé. De meg tudjuk mondani – és szükséges is –, hogy mit fogunk tenni mindegyikükben. Ha passzívak vagyunk és egyszerűen várunk arra, hogy a *Resimó* megváltozzon, sokáig fog tartani, amíg behatóan megtapasztaljuk őket, és mielőtt ez megtörténik, nagy fájdalmakat tudnak okozni. Ezért van, hogy a passzív hozzáállást a „szenvedés útjának" hívjuk.

Másfelől aktív hozzáállásunk is lehet, hogy megpróbálunk minden *Resim*óra úgy tekinteni, mint „új napra az iskolában", azt keresve, hogyan tudjuk megérteni, amit a Teremtő tanítani akar nekünk. Ha egyszerűen emlékezünk rá, hogy ez a világ a gyakorlóterünk, borzasztóan felgyorsítjuk a *Resim*ókon való túljutást. Az aktív hozzáállást a „Fény útjának" hívjuk, mert az erőfeszítéseink összekapcsolnak minket a Teremtővel, a jelenlegi állapotunk helyett, ami a passzív hozzáállásnál is történik.

A VÁGY HALADÁST HOZ

A spirituális előrelépés folyamata nagyon hasonló ahhoz, ahogyan a gyermekek tanulnak; valójában az utánzás folyamata. Azzal, hogy felnőtteket imitálnak, bár nem tudják, hogy mit csinálnak, *vágyat* teremtenek magukban a tanulásra.

Jegyezzük meg: nem az viszi előre a gyereket a felnövése során, amit tud; hanem az egyszerű tény, hogy *szeretne tudni.* A vágy a tudásra elég neki, hogy előhívja a következő *Resim*ót, azt, amiben már tudja.

Mivel a *Resim*ók láncban kapcsolódnak egymáshoz, amikor a jelenlegi *Resim*ó kimerül, és elmúlik, „magával húzza" a sorban következő *Resim*ót. Így nem igazán tanulunk újat ebben a világban vagy a spirituális világban; egyszerűen csak mászunk „vissza a jövőbe".

Ha szeretnénk jobban adakozni, a Teremtőhöz hasonlóbbak lenni, folyamatosan vizsgálni kell magunkat, és megnéznünk, hogy illik-e ránk a leírás, amit spirituálisnak (altruistának) tartunk. Ezen a módon a vágyunk, hogy altruistábbak legyünk, segíteni fog, hogy pontosabb, részletesebb felfogásába kerüljünk önmagunknak a Teremtővel összehasonlítva.

Ha nem akarunk egoisták lenni, a vágyaink fel fogják idézni a *Resimót*, ami meg fogja mutatni nekünk, hogy mit jelent még altruistábbnak lenni. Bármikor, amikor úgy döntünk, hogy nem akarjuk ezt vagy azt a vágyat egoista módon használni, annak az állapotnak a *Resimója* teljesíti a feladatát, és továbbhalad, átadva a helyét a következőnek. Ez az egyetlen korrekció, amit meg kell tennünk.

A *Shamati* (Azt hallottam) című könyvében, Baál HaSzulám ezt az alapelvet ilyen szavakkal írja le: „…amikor a gonosz [egoizmus] gyűlölete által a komoly valóságban ez korrigálva van." És aztán elmagyarázza: „…ha két ember rájön, hogy mindegyikük gyűlöli azt, amit az egyikük gyűlöl, és szereti, amit az egyikük szeret, folyamatos kötődésbe lépnek át és olyan kötöttségbe, ami sosem ér véget. Ezért mivel a Teremtő szeret adakozni, az alsóknak szintén alkalmazkodnia kell csupán az adakozáshoz. A Teremtő nem szeret megszerző lenni, ahogyan Ő teljesen egész, és nincs semmire szüksége. Így az embernek is gyűlölnie kell az önmagáért történő megszerzést. A fentiekből következik, hogy az illetőnek keserűen gyűlölnie kell a megszerzésvágyat, mert minden kár a világban a megszerzésvágyból fakad. A gyűlöleten keresztül az illető kijavítja azt."

Így egyszerűen akarva, a *Resimót* megidézzük az altruistább vágyakra, amik már léteznek bennünk, attól az időtől fogva, amikor *Adam ha Rison*ban össze voltunk kapcsolódva. Ezek a *Resimók* kijavítanak és a Teremtőhöz hasonlatossá tesznek minket. Ennélfogva a vágy (a *Kli*) egyszerre a változás motorja és az eszköz a korrekcióra. Nem kell elfojtani a vágyainkat. Egyszerűen meg kell tanulnunk, hogyan működjünk velük termékenyen magunk és mások számára.

IV. rész

Válság és korrekció

Először egy rövid áttekintés.Mielőtt arról beszélnénk, hogyan segítik a kabbalista fogalmak mindennapi életünket, nézzük át, mit tanultunk eddig! Talán meglepetésként ér, de elég sokat tudsz már a Kabbaláról. Tudod, hogy a Kabbala körülbelül 5000 évvel ezelőtt kezdődött Mezopotámiában (a mai Irakban), amikor az emberek az életük célját keresték. Ezek az emberek, akiket Ábrahám, a pátriárka vezetett, felfedezte, hogy azzal a céllal születtünk, hogy végtelen élvezethez jussunk a Teremtőhöz való hasonlatosságon keresztül. Amikor felfedezték, tanulócsoportokat hoztak létre, és elkezdték terjeszteni a tanításokat.

Ezek az első Kabbalisták elmondták nekünk, hogy mi csupán az öröm megszerzésének vágyából állunk, ami öt szintre oszlik – mozdulatlanra, növényire, állatira, beszélőre és spirituálisra. A megszerzésvágy nagyon fontos, mert ez a motor minden mögött, amit teszünk a világban. Más szavakkal:i mindig megpróbálunk örömöt megszerezni, és minél többet birtoklunk ebből, annál többet szeretnénk. Ennek eredményeképpen folyton fejlődünk és változunk.

Később megtanultuk, hogy a Teremtmény négyfázisú folyamatban lett megformálva, ahol a Gyökér (0), ami megfelel a Fénynek és a Teremtőnek, megteremtette az élvezet megszerzésének vágyát (1); a megszerzésvágy aztán adni akart (2), és később elhatározta, hogy megszerzés módján fog adományozni (3) és végül még egyszer megszerezni akart (4). De ezúttal annak tudását szerette volna megkapni, hogyan legyen Teremtő, az *Adományozó*.

A négy fázis és a gyökerük után a megszerzésvágy öt világra oszlott – *Adam Kadmon*ra, *Acilutra*, *Briára*, *Jecirára* és *Asszijára* – és egy lélekre, amit *Adam ha Rison*nak hívnak. *Adam ha Rison* összetört, és testet öltött a mi világunkban. Más szavakkal, mindannyian valójában egy lélek vagyunk, kapcsolódva és függően egymástól, mint a sejtek a testben.

De amikor a megszerzés vágya növekedett, önközpontú lett, és már nem érezte, hogy egyek vagyunk. Ehelyett csak önmagunkat érezzük, és még ha nem is viszonyítunk másokhoz, az élvezetet rajtuk keresztül kapjuk.

Ezt az egoista állapotot *„Adam ha Rison* összetört lelkének" hívják, és a mi feladatunk – mivelhogy a lelkek részei vagyunk –, hogy kijavítsuk azt. Valójában nem kell korrigálnunk ezt, de tudatában kell lennünk, hogy el vagyunk törve, és szeretnénk korrigálva lenni. Amikor felfedezzük ezt, elkezdünk utat keresni kifelé ebből a csapdából, az egoizmus csapdájából.

A szabadság keresése az ego alul a „szívben található pont" megjelenéséhez vezet, a vágyra a spiritualitás felé. A „szívben található pont" olyan, mint bármelyik másik vágy; növekszik és csökken a környezet hatására. Ha szeretnénk növelni a vágyunkat a spiritualitásra, egy olyan környezetet kell építenünk, ami ezt segíti. Ebben a részben arról fogunk beszélni, hogy mit kell tennünk ahhoz, hogy legyen egy olyan környezetünk, ami spirituálisan támogató, személyes, szociális és nemzetközi szinten egyaránt.

6. Új módszer egy új vágyra

A sötétség a hajnal előtt

A legsötétebb ideje a léleknek éppen a hajnal előtt van. Ugyanígy a *Zohár könyvének* írói megmondták, körülbelül 2000 éve, hogy az emberiség legsötétebb ideje éppen a spirituális felébredés előtt fog elérkezni. A Kabbalisták – Arival kezdve, aki a 16. században élt – századokig arról írtak, hogy az idő, amire a *Zohár könyve* utalt, ez a 20. század vége volt. Úgy hívták, „az új generáciNem azt értették ezalatt, hogy mi mind meghalunk egy apokaliptikus, látványos esemény kapcsán. A Kabbalában egy generáció a spirituális állapotot mutatja meg. Az utolsó generáció az utolsó és *legmagasabb* állapot, amit el lehet érni. És a Kabbalisták azt mondták, hogy az idő, amiben élünk – a 21. század kezdete – az, amikor a spirituális felemelkedés generációját láthatjuk, az evolúciónk utolsó állapotát.

De ezek a Kabbalisták azt is mondták, hogy ahhoz, hogy ez a változás megtörténjen, meg kell változtatnunk a módot, ahogyan fejlődünk. Azt mondták, hogy tudatos, önkéntes evolúcióra van szükség, a növekedésünk szabad döntésének megszületésére.

Mint bármelyik kezdet vagy születés, az utolsó generáció felemelkedése, a szabad döntés generációjáé, nem könnyű folyamat. Nem sokkal ezelőttig az alacsonyabb vágyainkban növekedtünk – mozdulatlantól a beszélőig –, és kihagytuk a spirituális szintet. De most új spirituális *Resimó* lát napvilágot emberek millióiban, azt kívánva, hogy megvalósítsuk őket.

Amikor ezek a *Resimók* először megjelennek bennünk, még mindig hiányt szenvedünk a helyes módszerben, hogy kezeljük őket. Olyanok, akár egy új technológia, amit meg kell tanulnunk használni. És amíg még tanulunk, megpróbáljuk megvalósítani az új *Resimókat* a régi gondolatvilágunkkal, mert azok a módszerek segítettek a *Resimóink* alacsonyabb szintjén. De ezek a módszerek nem megfelelőek az új *Resimó* kezelésére, és ennélfogva nem fognak működni, és üresen, frusztrált állapotban hagynak minket.

Amikor egy spirituális *Resimó* felszínre tör egy emberben, a módszer nélkül, hogy kielégítsük azt, frusztráció jelenik meg, majd depresszió, egészen addig, míg az illető meg nem tanulja, hogyan viszonyuljon ezekhez az új vágyakhoz. Ez általában a Kabbala bölcseletének alkalmazásakor történik meg, amit azért terveztek, hogy a spirituális *Resimóval* birkózzon meg, ahogyan az Első fejezetben leírtuk.

Ha viszont az illető nem tudja megtalálni a megoldást, a személy munkaholizmusba menekülhet, vagy mindenféle függőségbe kerülhet, és más kísérletei lehetnek, hogy elnyomja az új vágyakat azért, hogy kikerülje a megbirkózást a gyógyíthatatlan fájdalommal.

Egy személyes szinten egy ilyen állapot nagyon stresszel, de nem okoz olyan komoly problémát, hogy a szociális rendszert destabilizálja. Viszont amikor spirituális *Resimó* jelenik meg emberek millióiban körülbelül egy időben, és ez több országban történik egyszerre, akkor globális válsággal nézünk szembe. És egy globális válság globális megoldást követel.

Ma nem titok, hogy az emberiség globális válságban van. A depresszió soha nem látott magasságokba tör az Egyesült Államokban, de a kép nem jobb a többi fejlett országban sem.

2001-ben a Egészségügyi Világszervezet (WHO) azt nyilatkozta, hogy a „depresszió a vezető oka a rokkantságnak az Egyesült Államokban és világszerte".

Másik nagy probléma a modern társadalomban a droghasználat vészes elterjedtsége. Drogokat mindig használtak, de a múltban leginkább gyógyszerként és rituálékhoz, míg ma sokkal fiatalabban használják főleg azért, hogy felülemelkedjenek az érzelmi ürességen, amit olyan sok fiatal ember érez. És mivel a depresszió tombol, a droghasználat is és a droggal kapcsolatos bűntények is ezt teszik.

Másik oldala a válságnak a családi egység állapota. A családi intézmény a stabilitás jelképe volt, melegségé és szállásé, de ez nincs már így többé. Az Egészségügyi Statisztikák Nemzeti Központja (National Center for Health Statistics) szerint minden két párból, aki összeházasodik, az egyik elválik, és a helyzet ugyanez a nyugati világban.

Sőt mi több, a párok nem mennek át egy nagyobb krízisen vagy személyiségtörésen, amikor úgy döntenek, hogy elválnak. Ma még az 50-es, 60-as éveiben járó párok közül is elválnak, akiknek a gyermekei elköltöztek otthonról. Mivel a bevételeik biztosak, nem félnek attól, hogy úgy fejezetet kezdenek olyan korban, amiben néhány éve nem volt elfogadott ilyen lépést megtenni.

Már mondatunk is van a szociális válság ilyen formájára: „üres fészek szindróma". Mégis a lábjegyzet annyi, hogy az emberek elválnak, mert amikor a gyermekeik elhagyták az otthont, nincs már semmi, ami összetartsa őket, mivel egyszerűen nincs szeretet köztük.

Ennélfogva nem volt meglepő ezt olvasni a *The New York Times* 2006. október 15-i lapjában: „A házas emberek száma, ami évtizedekig csökkent az amerikai háztartásokban, az új népszámlálás adatai szerint végül kisebbségbe süllyedt."

Végül is nem az anyagi biztonság az, ami elválaszt minket, ez az egyszerű tény az, hogy az emberek nem szeretik egymást, csak önmagukat. De ha emlékszünk rá, hogy mi mind szándékosan lettünk egoistának teremtve olyan erő által, ami adni akar, van esélyünk harcolni. Legalább akkor megtudjuk, hogy nem fogjuk önmagunkban megtalálni a megoldást, csak Őbenne.

Nemcsak abban egyedi a válság, hogy világméretű, hanem a változatosságában is. Ez sokkal átfogóbbá és nehezebben kezelhetővé teszi azt. A krízis az emberi tevékenységek minden szintjén jelentkezik – személyes, szociális, nemzetközi, tudományos, gyógyászati és környezeti szinten. Például pár évvel ezelőttig az „időjárás" egy kényelmes téma volt, semmilyen módon nem kapcsolódott másféle témákhoz. Viszont ma vigyáznunk kell a klímánkra. A legfontosabb témák ma a klímaváltozás, globális felmelegedés, emelkedő tengerszintek és az új hurrikánszezon kezdete.

„A Nagy Olvadás" az, aminek Geoffrey Lean az *Independent*ben ironikusan hívta a bolygó állapotát egy online cikkben 2005. november 20-án. Íme Lean cikkének címe: „A Nagy Olvadás: Globális vész fogja követni, ha a grönlandi jégtakaró megolvad". És az alcím ez volt: „Most azt nyilatkozták a tudósok, hogy még gyorsabban szűnik meg, mint amire számítottak."

És az időjárás nem az egyetlen vész, ami a horizonton megjelenik. A 2006. június 22-i számában a „Nature" magazin megjelentetett egy Kaliforniai Egyetemen készült tanulmányt, ami azt mondja, hogy a Szent András Törésvonalnál „Nagy rengés" esedékes. Yuri Fialko (Scripps Óceanográfiai intézete a Kaliforniai Egyetemen) szerint a „a törés egy jelentős szeizmikus veszélyt jelent, ami egy másik nagy földrengésben jelenhet meg".

És természetesen ha túléljük a viharokat, a földrengéseket, az emelkedő tengereket, mindig lesz egy Bin Laden a környéken, hogy emlékeztessen rá minket, hogy az életünk jelentősen rövidebb, mint azt elterveztük.

És végül ott vannak az egészségügyi esetek, amik a figyelmünket követelik: AIDS, madárinfluenza, kergemarhakór, és persze a régiek, mint a rák, kardiovaszkuláris megbetegedések és cukorbetegség. Sok van még, amit meg tudnánk itt említeni, de mostanra talán érted a lényeget. Néhány ezekből az egészségügyi problémákból nem új, azért említettük itt, mert terjednek a bolygónkon.

Konklúzió: Egy régi kínai közmondás azt mondja, „Ha meg akarsz átkozni valakit, mondd neki, hogy »éljen érdekesebb időkben«". A mi időnk valóban érdekes; de ne tekintsük ezt átoknak. Ahogyan a *Zohár könyve* megígéri, sötétség van a hajnal előtt. Most beszéljünk a megoldásról.

Szép új világ négy lépésben

Csak négy lépésbe telik megváltoztatni a világot:

Tudomásul venni a válság létezését
Feltárni az okait
Előrevetíteni a legjobb megoldást
Tervet létrehozni, hogy megoldjuk a válságot

Vizsgáljuk meg őket egyenként mélyebben!

1. Vegyük tudomásul a válság létezését

Ma több mint 130 ország részt vesz a Kormányközi Fórum a Klímaváltozás miatt elnevezésű (IPCC) tárgyalásokban, ami tisztán mutatja, hogy a klímánk rossz irányba változik. Mégis – tudományos és társadalmi szervezetek által összegyűjtött bizonyítékok ellenére – sok kormány és nemzetközi cég még mindig jelentéktelennek tünteti fel a helyzet súlyát. Ahelyett, hogy az elsők lennének, akik megbirkóznak a helyzettel, az érdekellentétek megakadályozzák őket, hogy együttműködve hatékonyan kezdjenek valamit a helyzettel.

Ehhez hozzájön az, hogy a legtöbb ember visszautasítja azt az elképzelést, hogy a világ problémái az ő személyes jólétüket fenyegetik. Ennek eredményeként nem is foglalkoznak a problémákkal, amíg az nincs az ajtajukban.

És minden probléma közül a legnagyobb, hogy nincs előzetes emlékünk ilyen bizonytalan állapotban élésről. Emiatt képtelenek vagyunk megfelelően kezelni a helyzetünket. Nem azt mondjuk, hogy katasztrófák még sosem történtek, de az időszakunk egyedi abban az értelemben, hogy a katasztrófák minden fronton történnek, és hirtelen – az emberi élet minden területén, és szerte az egész világon.

2. Tárjuk fel az okait

Egy válság akkor keletkezik, amikor ütközés van két elem között, és a felsőbbrendű elem az alsóbbrendűre kényszeríti a szabályait. Az emberi természet vagy egoizmus felfedezi, hogy mennyire ellentétes a Természettel vagy az altruizmussal. Ezért érzi magát olyan sok ember stresszesnek, depressziósnak, bizonytalannak és frusztráltnak.

Röviden, a válság igazából nem kint játszódik, még akkor sem, ha úgy tűnik, hogy fizikai teret vesz igénybe; ez közöttünk történik. A válság egy titáni összecsapás jó (altruizmus) és rossz (egoizmus) között. Milyen szomorú, amikor a rosszfiúkat kell játszanunk az igazi valóságshow-ban! De ne veszítsük el a reményt – mint minden show-ban, ránk is a happy end vár.

3. Előrevetíteni a legjobb megoldást

Minél jobban felismerjük a válság mögött megbúvó okokat, az egoizmusunkat, annál jobban megértjük, hogy mit kell megváltoztatni a közösségeinkben. Ezt megtéve képesek leszünk kiemelkedni a krízisből, a társadalmat és az ökológiát pedig egy pozitív és konstruktív eredményre hozni. Fogunk beszélni ilyen változásokról, amikor a szabad választás fogalmát elmagyaráztuk.

4. Tervet létrehozni, hogy megoldja a válságot

Ha egyszer teljesítettük az első három állomását a tervnek, nagyobb részletességgel felrajzolhatjuk azt. De még a legjobb tervet is kell hogy aktívan támogassák és segítsék a vezetők, illetve országosan elismert szervezetek. Ennélfogva a tervnek széles körben létező támogatottságot kell nyernie tudósoktól, gondolkodóktól, politikusoktól és az Egyesült Nemzetektől, ahogyan médiától és közösségi szervezetektől is. Az IPCC, amit a lista első tagjaként említettünk, egy jó példa erre.

Mivel egyik szintről a másikra növekszünk a vágyunkban, mindig, amikor válság jön, új eseményként kell azt kezelnünk. A múltbeli tapasztalataink nem segítenek, mert az a vágyak alacsonyabb szintjén történt. Ha a múltbeli tapasztalataink segítenének, nem beszélhetnénk ma válságról.

Így minden, ami most történik, először a vágy spirituális szintjén történik meg. Ha erre emlékezünk, használni tudjuk olyan emberek tudását, akik a spiritualitáshoz kapcsolódnak, ugyanúgy, ahogyan tudományos tudást használunk fel rá, hogy a vágy fizikai szintjén található problémákkal megküzdjünk.

A Kabbalisták, akik már eljutottak a spirituális világokba, a világunk gyökeréhez, látják a *Resimót* (spirituális gyökeret), amik ezt az állapotot okozzák. Ki tudnak vezetni minket a labirintusból azáltal, hogy a dolgok spirituális szinten levő forrását nézik. Ez a támogatás segíteni tud nekünk könnyen és gyorsan megoldani a válságot, mert tudni fogjuk, miért történnek dolgok, és hogyan kezeljük őket a legjobban.

Gondoljunk erre így: ha tudod, hogy voltak emberek, akik meg tudták jósolni a holnapi lottó eredményeit, nem szeretnéd-e, hogy a te oldaladon álljanak, amikor megteszed a tétjeidet?

Nincs varázslat itt, csak a szabályok tudása a spirituális világbeli játszmára vonatkozólag. A Kabbalista szemében mi nem válságban vagyunk, csak egy kicsit zavarodottak vagyunk, és ezért folyamatosan a rossz számokra teszünk. Amikor megtaláljuk az irányunkat, pillanatok alatt megoldjuk a (nemlétező) krízist, ahogyan a lottó megnyerése is ilyen könnyű lesz. És a Kabbalista tudás szépsége az, hogy nincs rajta védjegy; mindenkihez tartozik.

Tudd a határaidat

Uram, add meg nekem az erőt, hogy megváltoztassam, amit meg tudok változtatni, a bátorságot, hogy elfogadjam, amit nem tudok megváltoztatni, és a bölcsességet, hogy meg tudjam ezt a kettőt különböztetni egymástól.

Egy régi ima

A saját szemünkben egyediek vagyunk és függetlenül cselekvő individuumok. Ez egy közös emberi jellegzetesség. Csak gondoljunk bele az emberiség nagy csatáiba, amin keresztülmentünk, hogy végül elérjük azt a korlátozott személyes szabadságot, ami rendelkezésünkre áll napjainkban.

Nem mi vagyunk az egyetlenek, akik szenvednek, ha elveszik tőlük a szabadságukat. Minden teremtmény szenved, ha elfogják őt; ez egy vele járó, természetes jellege a leigázás minden formájának. De amikor megértjük, hogy minden élőlénynek szabadnak kell lennie, nem szükségszerűen értjük, mit jelent a szabad *valójában*, vagy hogyan kapcsolódik az emberiség egoizmusának korrigálásához.

Ha őszintén megkérdezzük magunkat a szabadság jelentéséről, fel tudjuk fedezni, hogy a jelenlegi fogalmaink megváltoztak, amióta befejeztük az ezzel kapcsolatos kérdezést. Tehát mielőtt a szabadságról beszélni tudnánk, tudnunk kell, mint jelent valójában szabadnak lenni.

Hogy lássuk, megértjük-e a szabadságot, úgy kell magunkba tekintetnünk, mintha képesek lennénk egyetlen önkéntes szabad cselekedetre. Mivel a megszerzésvágyunk folyamatosan növekszik, mi mindig jobb, kifizetődőbb módokat keresünk az életre. A növekvő vágyaink nem hagynak nekünk választási lehetőséget ezen a téren.

Másfelől ha a megszerzésvágyunk okozza az összes bajt, talán van egy mód rá, hogy kontrolláljuk azt. Ha meg tudnánk tenni, talán tudnánk irányítani az életünket. Egyébként ha nincs meg ez az irányítás, a hanyatlás megállíthatatlannak tűnik. Röviden úgy tűnik, hogy csapdába estünk ebben a saját vágyaink elleni hajszában, és úgy tűnik, vesztésre állunk.

Mégis megyünk a dolgunkra, olyan eseményeken keresztül, amik a mi döntéseinktől függenek. De tényleg tőlük függenek? Nem lenne jobb megváltoztatni az életünket ahelyett, hogy az árral úsznánk?

Egyfelől éppen most mondtuk, hogy a Természet akadályozza a leigázást. Másfelől a Természet nem mondja meg nekünk, hogy melyik cselekedetünk szabad, és melyiket irányítja a láthatatlan bábozó, amiről azt *gondoljuk*, hogy szabadok vagyunk.

Sőt mi több, ha a Természetnek terve van számunkra, ezek a kérdések és bizonytalanságok egy terv szerint is megtörténhetnek? Talán van egy végső oka annak, hogy miért érezzük magunkat elveszettnek és zavarodottnak? Talán a zavarodottság és kiábrándultság a bábozó módja arra, hogy megmondja nekünk: „Hé, nézd meg még egyszer, merre mész, mert ha Engem keresel, akkor rossz irányba tartasz."

Kevesen tagadnák le, hogy mi valóban zavartak vagyunk. De azért, hogy előrevetítsük az irányunkat, tudnunk kell, hogy hol keressünk. Ez évekkel teheti rövidebbé a hiábavaló erőfeszítéseket. Az első dolog, amit szeretnénk felfedezni, az, hogy van-e szabad független választásunk, vagy nincs. Amikor ezt felfedeztük, tudni fogjuk, hogyan fókuszáljuk a figyelmünket és az erőfeszítéseinket.

Az élet gyeplői

A Természet egésze csak egy törvényt követ: „Az öröm és fájdalom törvényét". Ha az egyetlen lényegiség a Teremtésben az öröm megszerzésének vágya, akkor csak egyetlen viselkedésforma létezik: a vonzódás az örömhöz és a fájdalom viszszautasítása.

Az emberi lények nem tartoznak ezen szabály alóli kivételek közé. Egy előre beállított tervet követünk, ami minden mozdulatunkat megmondja: a legtöbbet akarjuk kapni, a legkisebb munka ellenében. És ha ez lehetséges, mindezt ingyen szeretnénk! Ennélfogva mindenben, amit megteszünk, még akkor is, ha nem vagyunk tudatában, megpróbáljuk az örömtelit választani és elkerülni a fájdalmasat.

Akkor is, amikor áldozatot hozunk, több élvezetet nyerünk az „áldozatból", mint bármilyen másik lehetőségből, amit az adott pillanatban választhatunk. És az ok, hogy arra gondolunk, hogy altruisták vagyunk, azért van, mert nagyobb öröm becsapni önmagunkat, mint a valóságot mondani. Ahogyan egyszer Agnes Repplier, az írónő írta: „Kevés meztelenség anynyira kifogásolható, mint a meztelen igazság."

Korábban azt mondtuk, hogy a Második fázis ad, bár ugyanaz a megszerzésvágy motiválja, mint az Első fázist. Ez a gyökere minden olyan „altruista" cselekedetnek, amit „adományozunk" egymásnak.

Láthatjuk, hogy minden, amit teszünk, követi a „haszonkalkulációt". Például összehasonlítom, hogy mennyi egy ára a terméknek, és mennyi a várható haszon belőle. Ha arra gondolok, hogy az öröm (fájdalom hiánya) nagyobb lesz, mint az ár, amit fizetek, azt fogom mondani a belső brókeremnek, hogy „Vásárolj! Vásárolj! Vásárolj!", zöld utat adva a mentális Wall Street táblámnak.

Meg tudjuk változtatni a fontossági sorrendet magunkban, elsajátítani jó és rossz különböző értékeit, és magunkat bátorrá „képezni". Sőt mi több, olyan fontossá tudunk tenni egy célt a szemünkben, hogy minden nehézség, ami az elérése nyomán megjelenik, jelentéktelenné válik.

Ha például szeretném a jó szociális helyzetet és a jó fizetést azzal, hogy híres orvos legyek, akkor erőlködni fogok, izzadni és azon dolgozni évekig egy orvosi iskolában és még több évet álmatlansággal tölteni a gyakorlat alatt, azt remélve, hogy hírnévben, sikerben – vagy (remélhetőleg) mindkettőben – ez kifizetődik.

Néha a számítás szerint az azonnali fájdalom a jövőbeli nyereségért olyan természetes, hogy észre sem vesszük, hogy ezt csináljuk. Például ha én szörnyen beteg leszek és rájövök, hogy csak egy különleges műtét tudná megmenteni az életemet, örömmel viselném az operációt. Bár maga a műtét nagyon kellemetlen és megvannak a saját kockázatai, kevésbé fenyegető, mint hogy megmaradjon a betegségem. Még akár nagyobb összegeket is fizetnék érte, hogy átmehessek a beavatkozáson.

A közösség megváltoztatása, hogy megváltoztassam magamat

A Természet három kihívást ad nekünk: arra „ítélt minket", hogy folyamatosan keressünk menekülést a szenvedés elől;

arra vesz rá minket, hogy folyamatosan hajszoljuk az örömöt; és megakadályoz benne, hogy meghatározzuk, milyen örömöt akarunk valójában. Felbukkanó vágyaknak vagyunk kiszolgáltatva, anélkül hogy a véleményünket megkérdeznék.

Mégis a Természet nemcsak a vágyainkat teremtette meg, hanem módszereket adott, hogy kezeljük őket. Ha visszaemlékezünk, hogy egyetlen lélek, az *Adam ha Rison* részei vagyunk, könnyen meglátjuk, hogy a módszer vágyaink irányítására az, hogy az egész lelket befolyásoljuk, azaz az emberiséget, vagy legalábbis egy részét.

Nézzük ezt ilyen módon: ha egy sejt szeretne balra menni, de a test egésze szeretne jobbra menni, akkor a sejt is jobbra megy. Így van ez, hacsak nem győzzük meg az egész testet, a sejtek többségét, vagy a test „irányító rendszerét", hogy jobb balra menni.

Tehát bár nem tudjuk irányítani a saját vágyainkat, a *közösség* tudja, és irányítja is őket. És mivel mi választjuk meg a közösségünket, azt a közösséget választjuk, amit *mi* a legjobbnak gondolunk. Egyszerűen mondva, használhatjuk a közösségi hatásokat, hogy a személyes vágyainkat befolyásolja. És a vágyaink irányításával a gondolatainkat is irányítjuk, és végső soron a cselekedeteinket is.

Majdnem kétezer évvel ezelőtt a *Zohár könyve* leírta a közösség fontosságát. A 20. század óta magától értetődő, hogy egymástól függünk a fizikai túlélésben. És most, amikor emberek milliói keresik a spiritualitást, a közösségi függőség hatékony használata létfontosságú a spirituális előrehaladásunkban. A legfontosabb a közösségben egy olyan üzenet, amit Baál HaSzulám több cikkében is nagyon tisztán leír.

Baál HaSzulám azt mondja, hogy minden ember legnagyobb kívánsága, akár beismeri, akár nem, hogy mások szeressék, és elnyerje a támogatásukat. Ez nemcsak egy magabiztos érzést ad nekünk, de megerősíti a legdrágább megszállottságunkat – az egónkat. A közösség jóváhagyása nélkül úgy érezzük magunkat, mint aki mellőzött és eldobott. És mivel nincs olyan ego, ami tolerálni tudná az elutasítottságot, az emberek néha nagyon szélsőségesen próbálják visszanyerni mások figyelmét.

Mivel az a legnagyobb kívánságunk, hogy elérjük a közösség jóváhagyását, alkalmazkodunk a környezetünk törvényeihez (és elfogadjuk őket). Ezek a törvények nemcsak a viselkedésünket határozzák meg, hanem a magatartásunkat és hozzáállásunkat mindenhez, amit teszünk vagy gondolunk. Legtöbbször nem érezzük, hogy megadjuk magunkat a közösség szabályainak, legtöbbször csak úgy érezzük, hogy új ötleteink vannak, amik a sajátjaink. De ritkán gondolunk arra, honnan jönnek ezek az ötletek.

Ilyen helyzetben képtelenek vagyunk szabadon döntést hozni – abban, ahogyan élünk, amilyen az érdeklődésünk, hogyan töltjük a szabadidőnket, az ételben is, amit eszünk, és még a ruhákban is, amit hordunk. Még akkor is, ha úgy döntünk, hogy nem öltözünk divatosan, még akkor is próbálunk egy *bizonyos közösségi szabály* felé semlegesnek lenni. Más szavakkal, ha a divat, amit mellőzni akarunk, nem létezne, nem tudnánk figyelmen kívül hagyni, és valójában máshogyan öltöznénk. Végső soron az egyetlen mód arra, hogy megváltoztassuk magunkat, hogy megváltoztassuk a környezetünk közösségi normáit. A következő fejezet elmondja, hogyan tudjuk ezt megtenni.

7. A létezésünk négy tényezője

Ha nem vagyunk mások, mint a környezetünk termékei, ha nincs valódi szabadság abban, amit teszünk, gondolunk vagy akarunk, felelősek lehetünk-e a cselekedeteinkért? És ha nem vagyunk felelősek, akkor ki az?

Ahhoz, hogy megválaszoljuk ezeket a kérdéseket, először meg kell ismernünk a négy tényezőt, ami magába foglal bennünket. A Kabbala szerint négy tényező irányít bennünket:

1) Az Alap, amit az Első anyagnak is hívnak.
2) Az Alap változatlan tulajdonságai.
3) A tulajdonságok, amik külső erők hatása alapján változnak.
4) Változások a külső környezetben.

Lássuk, mit jelentenek ezek számunkra.

1. Az Alap, az Első anyag

A változatlan lényegiségünket úgy hívják, hogy „az Alap". Lehetek boldog vagy szomorú, gondos, dühös, egyedül vagy másokkal. Akármilyen hangulatban is vagyok, és akármelyik közösségben, az alap *énem* sosem változik.

Ahhoz, hogy megértsük ezeket a tényezőket, nézzük a növényeink bimbódzását és halálát. Nézzünk egy szál búzát!

Amikor a búzamag elrothad, teljesen elveszti a formáját. És bár elvesztette a formáját, egy újabb szál búza fog nőni abból a magból. Ez azért van így, mert a búza ágya ugyanaz marad, és a mag lényegisége mindig búza.

2. Az Alap változatlan tulajdonságai

Ahogyan az alap változatlan és a búza mindig új búzát termel, a mód, ahogyan a magok növekednek, szintén változatlan. Egyetlen szál több mint egy szálat teremthet az új életkörben, és a minősége és mennyisége változhat az új szemeknek. Mégis az Alap maga, a az előző anyag lényegisége változatlan marad. Egyszerűen mondva, nem teremhet búzamagból más, mint búza, és minden búzakalász ugyanazon a növekedési folyamaton megy keresztül, a csírázás pillanatától egészen addig, amíg összeaszódnak.

Ugyanígy az összes gyerek ugyanazon a növekedési mintán keresztül növekszik. Ezért tudjuk megbecsülni, mikor kellene a gyereknek bizonyos készségeket fejleszteni, és mikor tudunk neki új ételeket megmutatni. E nélkül a biztos minta nélkül képtelenek lennénk felrajzolni a csecsemők növekedési görbéjét, vagy bármi mást ebben a témában.

3. A tulajdonságok, amik külső hatások alapján változnak

Bár a mag ugyanaz a fajta mag marad, a megjelenése változhat olyan környezeti hatások miatt, mint napfény, termőföld, trágya, nedvesség és eső. Tehát amíg a növény búza marad, a „csomagolása", a búza lényegének jellemzői, módosulhatnak a külső hatások eredményeképpen.

Ugyanígy a hangulatunk megváltozik másik emberek környezetében, vagy különböző helyzetekben akkor is, ha önmagunk (az Alap) változatlanok maradunk. Néha a környezet hatása meghosszabbodik, és nemcsak a hangulatunkat, de a karakterünket is megváltoztatja. Nem a környezet az, aki új jelleget ad nekünk; csak néhány ember társasága bizonyos vonatkozásait jobban aktivizálja a természetünknek, mint másféléket.

4. Változások a külső környezetben

A környezet, ami befolyásolja a magot, önmagában más külső tényezőktől függ, mint a klíma, levegőminőség és közeli növények. Ezért termesztünk növényeket melegházakban, és trágyázzuk mesterségesen a termőföldjüket. Megpróbáljuk a legmegfelelőbb környezetet nyújtani, hogy növekedjenek a növényeink.

Az emberi közösségünkben folyamatosan megváltoztatjuk a környezetünket. Új termékeket reklámozunk, kormányokat választunk meg, többféle iskolába járunk, és időt töltünk a barátainkkal. Ennélfogva ahhoz, hogy szabályozzuk a növekedésünket, azt kell megtanulnunk, hogyan szabályozzuk azokat az embereket, akikkel időt töltünk, és különösen azokat az embereket, akikre felnézünk. Ezek azok az emberek, akik a legnagyobb hatást gyakorolják ránk.

Ha arra vágyunk, hogy legyünk korrigálva – altruisták –, meg kell tudnunk, milyen közösségi változások azok, amik segítik a korrekciót, és követnünk kell azokat. Ezzel az utolsó tényezővel – a változásokkal a külső környezetben – a lényegünket alakítjuk, megváltoztatjuk az Alapunk jellemzőit, és következésképpen meghatározzuk a sorsunkat. *Itt van szabad választásunk.*

A helyes környezet megválasztása a korrekcióhoz

Bár nem tudjuk befolyásolni az Alapunk tulajdonságait, még hatással tudunk lenni az életünkre és a sorsunkra azzal, hogy a szociális környezetünket megváltoztatjuk. Más szavakkal mivel a környezet hatással van az Alap tulajdonságaira, meghatározhatjuk a saját jövőnket azzal, hogy olyan környezetet teremtünk, ami elősegíti a célokat, amit el akarunk érni.

Ha egyszer kiválasztottam az irányomat, és kiépítettem a környezetet, hogy odavigyen, gyorsítóként tudom használni a közösséget, hogy minél hamarabb előrejussak. Ha például pénzre van szükségem, olyanokkal vehetem körül magam, akik szeretnék, beszélnek róla és keményen dolgoznak, hogy megkapják azt. Ez engem is inspirálni fog, hogy keményen dolgozzam, és az agyamat olyan gyárrá alakítsam, ami pénzcsináló terveket termel.

És itt egy másik példa. Ha túlsúlyos vagyok és meg akarom ezt változtatni, a legkönnyebb mód arra, hogy megtegyem, ha olyan emberekkel veszem körül magam, akik arról gondolkodnak, beszélnek és arra biztatják egymást, hogy fogyjanak. Valójában többet tudok tenni annál, hogy körbeveszem magam ilyen emberekkel, és megteremtek egy környezetet; tudom erősíteni és befolyásolni a környezetet könyvekkel, filmekkel és újságcikkekkel. Minden eszköz, ami növeli és támogatja a vágyamat, hogy fogyjak, megteszi. Akkor is figyelnem kell az étrendemre, de az érzelmi erőfeszítés, hogy megtegyem – a diétám legfőbb akadálya – jelentősen csökken, sőt talán el is tűnik teljesen.

Zsák a foltját

Az Ötödik fejezetben beszéltünk a „formák egyezősége" alapelvről. Ugyanez az alapelv működik itt is, csak fizikai szinten. Ugyanolyan emberek jól érzik magukat együtt, mert ugyanazok a vágyaik és ugyanazok a gondolataik. Tudjuk, hogy megtalálja a zsák a foltját. De vissza is tudjuk fordítani ezt a folyamatot. Azzal, hogy megválasztjuk a foltunkat, meg tudjuk határozni, hogy milyen zsákok leszünk.

Minden a környezeten múlik. Anonim alkoholisták, drog-rehabilitációs intézmények, fogyi-klubok mindegyike a közösség erejét használja, hogy segítsen embereken, akik nem tudnak segíteni magukon. Ha megfelelően használjuk a környezetünket, olyan dolgokat tudunk elérni, amikről még csak álmodni sem mertünk. És mind közül a legjobb: nem fogjuk úgy érezni, hogy bármiféle erőfeszítést teszünk, hogy elérjük őket.

A spiritualitásra vágyódás nem kivétel ez alól. Ha szeretném a spiritualitást és szeretném a vágyamat megnövelni rá, csak a helyes barátokra, könyvekre és filmekre van szükségem. Az emberi természet megteszi a többit. Ha az emberek egy csoportja úgy dönt, hogy a Teremtővel válik hasonlatossá, semmi sem tud az útjukba állni, még a Teremtő sem. A kabbalisták ezt úgy hívják, „a fiaim legyőztek engem". Tehát miért nem látunk tolongást a spiritualitás felé? Hát van egy kis akadály: *nem tudod érezni a spiritualitást, ameddig még nem birtoklod azt.* A probléma az, hogy a cél látása és érzése nélkül nagyon nehéz tényleg akarni, és már tudjuk, hogy nagyon nehéz elsajátítani valamit anélkül, hogy nagyon vágynánk rá.

Gondoljunk erre ilyen módon: minden, amit a világunkban akarunk, valami tőlünk kívül álló hatás eredménye rajtunk. Ha szeretem a pizzát, azért van, mert a barátok, szülők, TV vagy valamilyen forrás azt mondta nekem, hogy mennyire jó is az. Ha jogász akarok lenni, azért van, mert a társadalom azt a benyomást adta nekem, hogy jogásznak lenni valahogy kifizetődő.

De a társadalmunkban hol tudok találni valakit vagy valamit, aki azt mondja nekem, hogy a Teremtőhöz hasonló lenni jó dolog? Sőt mi több, ha nem létezik ilyen vágy a közösségben, hogyan jelent meg ez hirtelen bennem? Csak a semmiből jött?

Nem a semmiből; egy *Resimő*ből. Ez a jövő egyik emléke.

Még a Negyedik fejezetben azt mondtuk, a *Resimók* felvételek, emlékek, amik elraktározódtak bennünk, amikor magasabban voltunk a spirituális létrán. Ezek a *Resimók* a tudatalattinkban nyugszanak, és egyenként emelkednek, mindegyik új vagy erősebb vágyat hoz az elmúlt állapotokból. Sőt mi több, mivel *mindegyikünk* régebben feljebb volt a spirituális létrán, mi *mind* érezzük a vágy felébredését, hogy visszamenjünk a spirituális állapotokig, amikor itt van rá az időnk, hogy megtegyük. Ezért a jövőbeli állapotaink emlékei a *Resimók*.

Ennélfogva nem annak kellene lennie a kérdésnek, hogy „miért van egy vágyam, amit a környezetem nem mutatott be nekem?" Ehelyett azt kellene kérdeznünk, „ha megvan ez a vágyam, hogyan hozhatom ki belőle a legtöbbet?" És a válasz egyszerű: úgy kezeld, ahogyan bármi mást, amit szeretnél elérni – gondolj rá, beszélj róla, hallgass meg másokat, akik erről beszélnek, és tegyél meg mindent, hogy fontossá tedd azt. Amikor megteszed ezt, ezzel arányosan fogsz előrelépni.

A *Zohár könyvé*ben van egy inspiráló (és igaz) történet egy bölcs emberről, akit Josi Ben Kisma rabbinak hívtak, korszaka legnagyobb kabbalistájának. Egy napon egy gazdag kereskedő jelent meg nála egy másik városból, és azt ajánlotta, hogy átköltözteti a rabbit a saját városába. Szeretett volna szemináriumot nyitni a városának bölcsességszomjas emberei számára. A kereskedő elmesélte, hogy nincsenek helyi bölcsek a városban, és a városnak szüksége van spirituális tanítókra. Felesleges mondani, de azt ígérte Josi rabbinak, hogy minden személyes és oktatási igényét bőségesen kielégíti.

A kereskedő legnagyobb meglepetésére Josi Rabbi határozottan nemet mondott, hogy semmilyen körülmények között nem költözik olyan helyre, ahol nincsenek bölcsek. A csüggedő kereskedő próbálta meggyőzni őt arról, hogy Josi rabbi a generációjának legnagyobb bölcse, és nem kell senkitől sem tanulnia.

„Egyébként – mondta a kereskedő – azzal, hogy a városunkba jössz és tanítod az embereinket, nagy spirituális szolgálatot tennél, mivel itt több bölcs van, és a városunkban nincs egy sem. Ez egy jelentőségteljes hozzájárulás lenne az egész generáció spiritualitásához. Legalább megfontolná a nagy rabbi az ajánlatomat?"

Erre Josi rabbi így válaszolt: „még a legbölcsebb bölcs is hamar elveszti a bölcsességét, ha nem bölcs emberek között lakik." Nem arról volt szó, hogy Josi rabbi nem akar segíteni a kereskedőnek; egyszerűen tudta, hogy a támogató környezet nélkül duplán veszítene – nem tudja megvilágosítani a tanulóit, és elveszíti a spirituális fokozatát.

NINCS HELY AZ ANARCHISTÁK SZÁMÁRA

Ez a sok beszéd a helyes társadalomról, közösségről arra a gondolatra vezethet, hogy a kabbalisták anarchisták, akik le akarják rombolni a szociális rendet, hogy spirituális irányban tartott közösségekben éljenek. Semmi sem állhatna távolabb az igazságtól.

Ahogyan Jehuda Áslág nagyon tisztán elmagyarázta, és amit bármelyik szociológus vagy antropológus meg tud erősíteni, az emberi lények közösségi teremtmények. Más szavakkal, nincs más választásunk, mintsem hogy közösségekben éljünk, mivel a közös lélek sarjai vagyunk. Így tiszta számunkra az is, hogy alkalmazkodnunk kell a közösség szabályaihoz, és törődni kell annak jólétével. És az egyetlen mód arra, hogy ezt elérjük, ha ragaszkodunk a közösség és társadalom szabályaihoz.

Viszont Áslág azt is kijelenti, hogy minden helyzetben, ami *nem* kapcsolódik a társadalomhoz, a társadalomnak nincs joga korlátozni vagy befolyásolni az egyén szabadságát. Áslág olyan messzire megy, hogy azokat, akik ezt megteszik, „bűnözőknek" hívja, kijelentve azt, hogy amikor az egyén spirituális fejlődéséről van szó, a Természet nem kívánja, hogy az egyén a többség akaratának akarjon megfelelni. Ezzel ellentétben, a spirituális növekedés mindegyikünk személyes felelőssége. Ezt megcselekedve nemcsak a saját életünket javítjuk, de az egész világ életét is.

Elkerülhetetlen, hogy megértsük a különbséget a társadalmi kötelezettségek között, amiben élünk és a személyes spirituális növekedésünk között. Tudni kell meghúzni vonalat, és azt, hogyan működjünk közre mindkettővel, ez több zavartól és félreértéstől megóv minket a spiritualitással kapcsolatban.

Az élet szabályának egyszerűnek és egyenesnek kell lennie: a mindennapi életben betartjuk a törvény szabályait; a spirituális életben egyénileg haladunk. A személyes szabadság csak a spirituális fejlődésünk döntésein keresztül valósul meg, egy olyan helyen, ahová másoknak nem szabad beleszólniuk.

Az ego elkerülhetetlen halála

A szabadság szeretete a többiek szeretete; a hatalom szeretete önmagunk szeretete.

William Hazlitt (1778–1830)

Nézzünk még egyszer rá a Teremtés alapjaira. Az egyetlen dolog, amit a Teremtő megteremtett: a megszerzésvágyunk, az egoizmusunk. Ez a lényegünk. Ha megtanuljuk, hogyan „deaktiváljuk" az egoizmusunkat, helyreáll a kapcsolatunk a Teremtővel. Amikor önzetlenül cselekszünk, visszanyerjük a formák egyezőségét Vele, ahogyan az a spirituális világokban létezik. Az egoizmusunk deaktiválása a kezdet, hogy felmásszunk a spirituális lépcsőn, a korrekciós folyamat kezdeteként.

A Természet iróniáiból egyik az, hogy azok az emberek, akik önző örömökbe merülnek, nem tudnak boldogok lenni. Ennek két oka van:

1. Az egoizmus a 22-es csapdája: ha birtoklod, amit akarsz, már nem akarod azt. Ahhoz, hogy megértsd, miért, gondolj a kedvenc ételedre. Most képzeld el magad egy menő étteremben, kényelmesen az asztalnál, ahogyan a mosolygós pincér kihozza eléd a letakart tányért, és leveszi a fedőt. Hmmm... az az édesen ismerős illat! De abban a pillanatban, hogy elkezdesz enni, az öröm elmúlik. Minél jobban telítődsz az étellel, annál kevésbé élvezed azt. Végül, amikor jóllaktál, már nem élvezed az ételt, és befejezed az étkezést. Nem azért hagyod abba, mert tele vagy, hanem azért, mert az evés nem okoz örömöt egy teli gyomorral. A vágy kielégítése az ételre elmulasztotta az evéséből fakadó örömöt.

2. Egy önző vágy nemcsak kielégíti a saját szeszélyét, de másokat kielégületlenné tesz. Ahhoz, hogy jobban megértsd ezt az okot, az alapokhoz kell visszatérnünk. Az Első fázis a Négy alapfázisból csak megkapni akarja az élvezetet. A Második fázis már kifinomultabb, és örömöt akar nyerni az adásból, mivel a Teremtő létállapota az adás. Ha a fejlődésünk megállt volna az Első fázisban, nem lennénk elégedettek abban a percben, amikor a vágyaink kielégülnek, és nem törődnénk azzal, hogy mit birtokolnak mások.

Viszont a Második fázis – az adás vágya – arra sarkall minket, hogy észrevegyünk másokat, és adni tudjunk nekik. De mivel az alapvető vágyunk az, hogy megszerezzünk, csak azt látjuk másokban, hogy „nekik egy csomó mindenük van, ami nekem nincs". A Második fázis miatt mi mindig másokhoz hasonlítjuk magunkat, és azért, mert az Első fázis a megszerzésvágy, mi mindig jobbak akarunk lenni náluk. Így örülünk mások hibáinak.

Szintén a második az oka annak is, hogy a szegénységi határ változik országról országra. A Webster Szótárnak megfelelően a szegénységi határ „a személyes családi bevétel szintje, ami alatt valaki szegénynek tekintett a kormányzati standardok alapján". Így a *definíció szerint* a szegénység és hiány relatív és nem abszolút fogalmak.

Ha körülöttem mindenki olyan szegény lenne, mint én, nem *érezném* magam szegénynek. De ha mindenki gazdag körülöttem, és nekem csak egy átlagos fizetésem van, ami több mint elég a megélhetéshez, én *még mindig* a világ legszegényebb emberének érezném magam. Más szavakkal, a normáink diktálják az Első fázis (amit meg akarunk kapni) és a Második fázis (másokkal való összehasonlítás) kombinációját.

Ahogyan az a Második fázisban történik, az adásvágyunk – aminek a garanciának kellett volna lenni arra, hogy a világ, amiben élünk, az egy jó hely az életre – valójában az oka az összes gonosznak a világunkban. Ez a romlottságunk lényege. Az adás vágya nem elég, a *szándék* megváltoztatása a megszerzés szándékáról az adás szándékára az, amit korrigálnunk kell. EZ tesz minket hasonlatossá a Teremtőhöz.

A gyógyír

Nincs olyan vágy vagy tulajdonság, ami eredendően gonosz; az teszi azzá, ahogy használjuk őket. Az ókori kabbalisták azt mondták: „irigység, kéjencség, és a büszkeség (hajszolása) viszi az embert ki a világból" – ez azt jelenti, hogy a mi világunkból ki és a spirituális világba be.

Hogy van ez? Láttuk, hogy az irigység a versenyzéshez vezet, és a versenyzés haladást jelent. De az irigységnek sokkal nagyobb következményei vannak, mint technológiai vagy más világi haszon. A „Bevezetés a Zohár könyvéhez" című művében Baál HaSzulám azt írja, hogy az emberek tudják érzékelni a másikat, és ezért azt akarják, ami másoknak megvan. Ennek eredményeképpen megtelnek irigységgel, és mindent akarnak, ami a másiknak megvan, és minél több embernek van meg, annál üresebbnek érzik azt. Végül el akarják nyelni az egész világot.

Végül is az irigység az, ami ahhoz vezet minket, hogy a Teremtőt magát akarjuk. De a Természet humora megviccel minket ismét: a Teremtő az adás vágya, az altruizmus. Bár eredetileg nem vagyunk tudatában, azzal, hogy Teremtők akarunk lenni, mi valójában afelé vágyódunk, hogy legyünk altruisták. Így az irigységen keresztül – az ego legárulóbb és legkárosabb jellege miatt – az egoizmusunk halálra ítéli magát, ahogyan a rák is elpusztítja az gazdaszervezetét, ameddig az is meg nem hal a szervezettel együtt.

A kabbalisták így írják le az egoizmust: az egoizmus olyan, mint egy ember a kardjával, aminek van egy varázslatosan édes, de halálos keverék a hegyén. A férfi tudja, hogy a keverék egy méreg, de nem tud segíteni magán. Kinyitja a száját, a kard hegyét a szájához emeli, és nyel...

Ismét láthatjuk a helyes szociális környezet megépítésének fontosságát. Ha arra kényszerítenek minket, hogy féltékenyek legyünk, legalább legyünk *konstruktívan* féltékenyek (féltékenyek valamire, ami a korrekcióhoz visz minket).

Az igazságos és boldog társadalom nem támaszkodhat megfigyelt vagy „csatornázott" önzőségre. Megpróbálhatjuk az önzőséget büntetni a jogszabályokon keresztül, de ez csak addig működik, ameddig kemény körülmények nem lesznek, ahogyan láttuk azt Németország esetében – egy demokráciában, ameddig demokratikusan meg nem választották Adolf Hitlert.

Csatornázni is tudjuk az egoizmusunkat, hogy a közösség hasznára legyünk, de ezt már kipróbálta Oroszország kommunizmusa, és csúnyán megbukott.

Még Amerika, a lehetőségek, a szabadság és a kapitalizmus földje sem tudja boldoggá tenni a lakóit. A New England-i Gyógyászati Naplónak megfelelően „évente több mint 46 millió amerikai szenved depresszív epizódoktól". És az Általános Pszichiátriai Archívum bejelentette: „az erős antipszichotikus gyógyszerek használata, amivel gyerekeket és kamaszokat kezelnek, több mint ötszörösére nőtt 1993 és 2002 között" – ahogyan a *New York Times* 2006. június 6-i számában leírták.

Hamis szabadság

A kabbalisták úgy viszonyulnak a Teremtő érzékelésére való képtelenségünkhöz, mint a „Teremtő arcának rejtettségére". Ez a rejtettség a szabadság illúzióját kelti, hogy válasszunk a mi világunk és a Teremtő (spirituális) világa között. Ha látni tudnánk a Teremtőt, ha tényleg érezni tudnánk az altruizmusunk hasznát, kétségtelenül az Ő világát választanánk a mienk helyett.

Az Ő világa, az adás és élvezet világa, de mivel *nem* látjuk a Teremtőt, nem követjük az Ő szabályait. Ehelyett folyamatosan megszegjük őket. Valójában ha ismernénk a Teremtő szabályait, de nem látnánk a fájdalmat abban, hogy megszegjük őket, akkor is megszegnénk őket. Miért? Mert azt hisszük, hogy az élet jobban élvezhető egoistaként.

Rejtettség

Baruh Áslág, Jehuda Áslág fia, és nagy Kabbalista, lejegyzetelte, amit apjától hallott. A jegyzettömböt később kiadták a *Shamati (Hallottam)* cím alatt. Az egyik jegyzetben azt írja, hogy ha Felső Erő teremtett minket, miért nem érezzük ezt az Erőt? Miért van ez rejtve? Ha tudnánk, mit kíván tőlünk, nem hibáznánk és nem kapnánk büntetést.

Milyen egyszerű és élvezetes lenne az élet, ha a Teremtő feltárulna! Nem kételkednénk a létezésében, és felismernénk az irányítását rajtunk és az egész világon. Tudnánk az okot a teremtésünkre, látnánk az Ő reakcióit a cselekedeteinkre, kommunikálnánk vele, és kikérnénk a véleményét minden cselekedetünk előtt. Milyen csodálatos és egyszerű életünk lenne!

Áslág a gondolatait egy elkerülhetetlen konklúzióval zárja: ennek az egy törekvésünknek kell lennie az életben, hogy feltárjuk a Teremtőt.

A Hatodik fejezetben azt mondtuk, hogy az egész Természet csak egy törvénynek engedelmeskedik: az élvezet és fájdalom törvényének. Más szavakkal minden, amit teszünk, amire gondolunk és tervezünk, azért van, hogy növeljük az élvezetet vagy csökkentsük a fájdalmat. Ebben nincs szabadságunk. De mivel nem vagyunk tudatában annak, hogy ezek az erők irányítanak minket, azt *gondoljuk*, hogy szabadok vagyunk.

Viszont ahhoz, hogy tényleg szabadok legyünk, először fel kell szabadulnunk az élvezet-fájdalom törvény gyeplője alól. És mivel az egónk diktálja, hogy mi élvezetes és mi fájdalmas, fel fogjuk fedezni: ahhoz, hogy szabadok legyünk, az egónktól kell megszabadulnunk.

Rejtettség – a szabad választás előfeltétele

Ironikus, hogy a választás valódi szabadsága csak akkor történik meg, ha a Teremtő el van rejtve. Ez azért van így, mert ha egy lehetőség előnyben részesített, akkor az egoizmusunk nem hagy más lehetőséget, csak hogy érte menjünk. Ebben az esetben, akkor is ha azt választjuk hogy adunk, azért adunk, hogy megszerezzünk – egoistán adunk. Egy olyan cselekedetnél, ami valóban altruista és spirituális, az előnyeinek rejtve kell lennie előttünk.

Ha észben tartjuk, hogy a Teremtés egész célja az volt, hogy valójában felszabadítson minket az egoizmus alól, a cselekedeteink mindig a helyes irányba fognak vinni minket – a Teremtő felé. Ennélfogva ha két lehetőséget kapunk, és nem tudjuk, melyik ad nekünk több örömöt (vagy kevesebb fájdalmat), akkor valóban megvan a szabad választásunk lehetősége.

Ha az ego nem lát egy olyan választási lehetőséget, amit előnyben tud részesíteni, akkor választhatunk más értékrend szerint. Például ahelyett, hogy megkérdeznénk magunkat „milyen cselekedet jelent számunkra nagyobb örömöt", feltehetjük a kérdést, hogy „mivel tudok többet adni?". Ha az adás olyan dolog, amit értékelünk, ezt könnyen meg fogjuk tenni.

Lehetünk egoisták vagy altruisták, gondolhatunk magunkra vagy másokra. Nincs más lehetőség. A választás szabadsága akkor lehetséges, ha mindegyik lehetőség tisztán látható és egyaránt vonzó (vagy nem vonzó). Ha valaki csak egy lehetőséget lát, követnie kell azt. Ennélfogva, hogy szabadon válasszak, tisztában kell lennem a saját természetemmel és a Teremtő természetével. A valódi szabad választás azt jelenti, hogy nem tudom, melyik ad több élvezetet; csak ilyen módon tudom semlegesíteni az egómat.

A szabad választás alkalmazása

Az első alapelv a spirituális munkában a „hit az értelem felett". Tehát mielőtt a szabad választás felhasználásáról beszélnénk, el kell magyaráznunk a „hit" és az „értelem" kabbalista jelentését.

HIT

Minden vallásban és hitrendszerben a földön arra használják a hitet, hogy kompenzálják vele azokat a dolgokat, amiket nem tudunk meglátni vagy tisztán felfogni. Más szavakkal, mivel nem látjuk Istent, el kell *hinnünk*, hogy létezik. Ebben az esetben a hitet használjuk, hogy kompenzáljuk az Isten meglátására való képtelenségünket. Ezt „vakhitnek" nevezzük.

De a hitet nemcsak a vallás használja kompenzációként, hanem gyakorlatilag minden, amit megteszünk. Hogyan tudjuk például, hogy a Föld gömbölyű? Kirepültünk a külső űrbe, hogy megnézzük magunknak? Elhisszük a tudósoknak, akik azt mondják, hogy gömbölyű, mert arra gondolunk, a tudósok megbízható emberek, akiben bízhatunk, amikor azt mondják, hogy leellenőrizték. Hiszünk nekik; ez hit.

De ez vakhit. Amikor nem látunk meg teljesen valamit, a hitet használjuk hogy kitöltse a hiányzó részeket a képben. De ez nem szilárd információ – ez vakhit.

A Kabbalában a hit a teljes ellentétét jelenti annak, amit most leírtunk. A hit a Kabbalában egy megfogható, élő, teljes, törhetetlen és megcáfolhatatlan felfogása a Teremtőnek, a Természetnek – az élet irányító törvényének. Ennélfogva az egyetlen mód arra, hogy elérjük a hitet a Teremtőben, hogy teljesen olyanok leszünk, mint Ő. Egyébként hogyan látnánk a kétely árnyéka mögé, hogy pontosan ki is Ő, vagy hogy létezik-e?

ÉRTELEM

A Webster Szótár két definíciót ad az „értelem" szóra. Az első definíció az „ok", de a második az, ami érdekel minket. Az értelem a Webster szerint három jelentéssel bír: (1) A megértésre, következtetésekre és gondolkodásra való képesség, különösen racionális módon. (2)Az elme helyes használata. (3) Intellektuális képességek eredője.

Szinonimaként a Webster ezt a három lehetőséget adja nekünk (többek között): intelligencia, elme és logika.

Most olvassuk el a kabbalista Baruh Áslág belsőséges szavait, amit egyik diákjának írt, ahogyan a Teremtés „parancsláncolatát" magyarázza el. Ez letisztítja, hogy miért kell az értelem *fölé* kerülnünk.

„A megszerzésvágyat azért teremtették, mert a Teremtés célja az volt, hogy jót tegyen a teremtményeivel, és ezért a célért kellett egy edény, ami meg tudta kapni az élvezetet. Végül is lehetetlen élvezetet érezni, ha nincs szükség az élvezetre, mivel a szükség nélkül nincs élvezet.

Ez a megszerzésvágy az egész ember (Ádám), akit a Teremtő teremtett. Amikor azt mondjuk, hogy az ember végtelen örömben vesz részt, a megszerzésvágyra utalunk, amelyik megszerez minden élvezetet, amit a Teremtő a számára tervezett.

A megszerzésvágynak szolgákat adott, hogy kiszolgálják azt. Rajtuk keresztül kapjuk az élvezetet. Ezek a szolgák a kezek, a lábak, a látás, a hallás... stb. Mindegyikük valaki szolgája. Más szavakkal a megszerzésvágy a gazda és a szervek a szolgái.

És ahogyan az általában történik, a szolgáknak van egy főkomornyikjuk, aki a gazda szolgáira figyel, biztosítja, hogy az elvárt célért dolgoznak, hogy örömet kapjunk, és ez az, amit a gazda – a megszerzésvágy – akar.

És ha az egyik szolga hiányzik, az ahhoz a szolgához kapcsolódó élvezet is hiányzik. Például ha valaki süket, akkor nem lesz képes élvezni a zenét. Ha valaki nem tud szagolni, nem lesz képes egy jó parfüm illatát élvezni.

De ha valaki agya hiányzik (a szolgák felügyelője), ami olyan, mint a körzetvezető, aki figyel a munkásokra, az egész üzlet összedől, és a tulajdonos nagy veszteségeket szenved. Ha valakinek van egy üzlete sok dolgozóval, de nincs jó menedzsere, a profit helyett veszteséggel számolhat.

Viszont a menedzser (értelem) nélkül a főnök (a megszerzésvágy) még mindig jelen van. És ha a menedzser meg is hal, a főnök még mindig él. A kettő között nincs kapcsolat.

Kétségtelen, hogy ha szeretnénk legyőzni a megszerzésvágyat, és altruistákká akarunk válni, először a „munkaügyi vezetőnkön" – a saját értelmünkön – kell keresztüljutnunk! Ennélfogva a „hit az értelem felett" azt jelenti, hogy a hitnek – a Teremtőhöz pontosan hasonlóvá válásnak – az értelmünk, egoizmusunk fölött kell léteznie (fontosabbnak kell lennie nála).

És az út, ahogyan idáig eljutunk, kettős: a személyes szinten tanulás, és egy olyan baráti kör megtalálása, akik segítenek megteremteni a szociális környezetet, ami segíti a spirituális értékeket. A közösségi szinten szükség van rá, hogy a közösség mint egész megtanulja értékelni az altruista értékeket.

Függelékek

1. függelék
Gyakran ismételt kérdések

MI A KABBALA BÖLCSELETE?

Mi a Kabbala?

A Kabbala nem elméleti kutatás. Ez egy gyakorlati módszer, ami arra szolgál, hogy átsegítsen minket életünk minden pillanatán. A Kabbalán keresztül a tanuló felfedezi a múltat, a jövőt és a tulajdonságait, amik akkor voltak, amikor leereszkedett ebbe a világba sok élettel ezelőtt, és a távolságot, amit még be kell járnia.

A „kötél mindkét végének" látásával a Kabbalisták megértették, mit tegyenek, hogy az életük hasznára legyenek, és a mienkére is, és hogyan a legjobb ezt megtenni. A Kabbalisták látják az erőket is, amik rajtuk működnek, az idő minden egyes pillanatában, hogy például el kell-e venniük feleségül egy adott illetőt, vagy miért viselkednek úgy a gyerekek, ahogyan azt teszik.

Miről szól a Kabbala bölcselete?

A Kabbala bölcselete irányt mutat az egész valóságban a Teremtő alatt: a világokban, és mindenben, a lélek alászállásában ebbe a világba, és a visszatérésében felfelé. Más szavakkal, a Kabbala bölcselete magában foglalja az emberiség összes állapotát és helyzetét.

Minden világ, a mienket is beleértve, egymás alatt áll. A Fény a Teremtőtől sugároz ki, és áthalad a világokon a mi világunkba. Ennélfogva minden elem, ami jelen van az *Adam Kadmon* világában, jelen van az összes többi világban is. A Kabbalisták úgy határozzák meg ezt a kapcsolatot, mint „gyökér és ág".

A „Kabbala bölcseletének lényege" című esszéjében Baál HaSzulám a következő módon határozza meg a gyökeret és az ágat: „Így nincs olyan dolog a valóságban, vagy egy történés a valóságban, ami megtalálható az alsóbb világban, és nem fogod megtalálni a hasonmását a felette levő világban, mint két csepp egy tóban, olyan azonosak, ezek a „gyökér és az ág". Ez azt jelenti, hogy egy dolog, ami megtalálható egy alacsonyabb világban, a magasabb világban levő mintája ágának tekintendő, ami az alsó dolog gyökere, és ez az, ahol az alacsonyabb világbeli dolog le van nyomva, és létrejött.

Ennélfogva látjuk, hogy minden elem és részlet ebben a világban, minden kapcsolatával jelen van a Felső Világban is, az *Asszijától* az *Adam Kadmonig*. A világegyetem, a Föld bolygó, a mozdulatlan, növényi, állati és beszélő mind megtalálható a világokban e világ felett is. Csak egy különbség van az e világ elemei és a Felső Világ elemei között: a Felső Világban az elemek erők, és a mi világunkban azok anyagok.

A Kabbala használatával el tudjuk érni a Felső Világokat, és fel tudjuk fedezni az erőket, ami minden elemen dolgozik e világban. Amikor elérjük ezt a szintet, megismerjük a valóság minden elemének működését, a tulajdonságait és a viselkedésének okait. A Kabbala bölcselete elősegíti felemelkedésünket a Felső Világba, és engedélyt ad rá nekünk, hogy fentről figyeljük meg minden objektum működését a világunkban.

Mi az eredete a *Zohár könyve* elnevezésének?

A *Zohár* „ragyogást" jelent, ahogyan a *Zohár könyvé*ben írva van: „Az igazak a fejükön a koronájukkal ülnek, és örülnek az Istenség ragyogásának". A *Zohár könyvé*nek megfelelően, a Teremtő (Fény) érzetének neve „Istenség". Bárhol, ahol a Kabbala-könyvek azt mondják, hogy „írva van a könyvben...", mindig a *Zohár könyvé*re utalnak. Bármilyen másik könyv látszólag nem tekintett „könyvnek", mert a „könyv" szó (*Széfer* héberül) a *Szfira* szóból származik, ami a „zafír" szóból származik, a ragyogásból, feltárulásból (a Fényé, a Teremtőé). És ez csak a *Zohár könyvé*ben található meg.

Néhány ember egész életén keresztül szenved... Miért van ez így, és miért létezik egyáltalán szenvedés?

Mindenki mindig szenved. Az emberiség általában szenvedett a történelme során. Emberek éltek, meghaltak és sosem értették a fájdalmuk valódi okait. A fájdalomnak fel kell gyülemlenie, és egy bizonyos szintet el kell érnie, mielőtt fel tudjuk fedezni az okait, és azt, hogy ki a felelős értük.

A Kabbala bölcselete egy olyan módszer, ami felteszi a kérdést az emberiség szenvedéséről, és választ is nyújt a megoldására. Egységes egészként az emberiség elég fájdalmon ment át, hogy elkezdjen kérdezni annak okairól. Valójában ezért nyitják ki a Kabbalisták a Kabbala bölcseletét most mindenki felé.

Mi a spiritualitás?

Hogyan teszünk különbséget testi és spirituális között?

Spirituális az, ami teljesen nem „értem", csak a „Teremtőért" van, amikor a cselekedet kimenetele még indirekt módon sem kapcsolódik ahhoz, aki végrehajtja azt.

Mi az a „szívben található pont", és mindegyikünkben megvan ez?

Minden embernek van szívben található pontja, de sok ember nem érzi ezt, mert nem „nőttek fel" vagy értek meg eléggé, hogy érezzék azt. Az életünk során egy olyan helyzetbe kerülünk, amikor feltárul a szívben található pont. Ebben az állapotban elkezdünk érezni egy vágyat a spiritualitásra, a Felső Egyre. Ezt hívják „szívben található pontnak".

Mi a különbség e világ és a spirituális világ között?

E világ a legalacsonyabb hely, amit a Kabbalista elér. Ez teljesen ellentéte a Teremtőnek, és úgy hívják, „kivonulás Egyiptomból". A természetes erő, ami rajtunk működik ebben az állapotban, az egoista természetünk ereje, nem enged meg nekünk semmit, ha az nem értünk van. Ezt az állapotot „A Fáraó állapotának" hívják.

Az egoizmusunk nem engedi érezni a magasztos, tökéletes állapotot. Ez az egoizmus, az ember belső és bűnös ereje, amit „Fáraónak hívnak" és amiről a Tóra (Pentateuch) hosszasan beszél. Az erőt, ami felszabadít minket, és a spirituális világba visz minket, „Mózesnek" hívják. A Fáraó, Mózes és minden, amit a kivonulásról írnak, spirituális állapotokat írnak le, és érzelmeket, amiket mind tapasztalunk a spirituális növekvésünk valamely pontján.

A Teremtő feltárulása

Létezik a Teremtő?

A Kabbalát pontosan azért tanulják, hogy érezzék és lássák a Teremtőt. Mindenki fel fogja fedezni és tapasztalni fogja Őt. Csak ha felfedeztük a Teremtőt, akkor leszünk valóban képesek azt mondani, hogy Ő létezik, mert akkor már tudni fogjuk ezt.

A Teremtő felfedezése csak olyan mértékben lehetséges, ami a Teremtővel való egyenlő tulajdonságaink mértéke. Ha érezni tudnánk most is a Teremtőt, akkor Kabbalisták lennénk.

Ha a Fáraónak voltak papjai, akik képesek voltak megtenni, amit Mózes tett, akkor honnan tudhatom, hogy a Teremtő jobb, mint a Fáraó?

Csak egy erő létezik: a Teremtő. Ő befolyásol minket változatos módokon, ellentétes erőket használva. Ezen a módon Ő formál minket, számos módon hatást gyakorol ránk, különféle reakciókat generálva. Ennek eredményeképpen végül megértjük az adás és a megszerzés jelentését.

A teremtett vágy egészében, ami egyenlő a Teremtő nagyságával, a „Fáraó" névre hallgat. Amikor valaki megszületik, kap egy kis vágyat, és apránként felfedezi a belső Fáraóját. Amilyen mértékig túl tud jutni a Fáraón, annyira fog emelkedni a spiritualitásban.

A különbség a Teremtő és a Fáraó között nem a hatalma, hanem a célja. Ha ez „értem van", akkor ez Fáraó; ha a Teremtőért, akkor a korrekció vége.

Mi a szeretet?

A szeretet az eredménye és egyenlősége a belső jellegeknek, azaz tulajdonságoknak. A Kabbalában csak egy törvény van: „a formák, tulajdonságok és vágyak egyenlősége". Ha két spirituális objektum egyenlő a tulajdonságaiban, akkor egyesülnek. Ez nem azt jelenti, hogy kettőből egy lesz, hanem egyként léteznek. Minden, ami az egyikkel történik, rögtön a másikban is megjelenik, és gazdagítja a másikat.

A „szeretet" az a kölcsönös érzés, amit két különböző objektum oszt meg egymás között, amikor abszolút egyenlőség van köztük (legyen két ember, vagy a Teremtő és egy ember). A szeretet a spirituális tulajdonságok egyezősége.

A tulajdonságok és vágyak távolsága eltávolítja egymástól az embereket, még a gyűlölet mértékéig is.

A vágyak, gondolatok és tulajdonságok rokonsága (ami ugyanaz, mert a tulajdonságok meghatározzák a gondolatokat és a vágyakat) egymáshoz közel hozza őket, hogy szeressék és megértsék egymást. Amikor valaki eléri a Teremtővel való tulajdonságok egyezőségét, akkor azt is felfedezi, hogy a Teremtő szereti Őt. A Kabbala kijelenti, hogy a legnagyobb öröm a földön a Teremtővel való formák egyezőségének érzete.

A Kabbala nem misztika

Hogyan magyarázza a Kabbala az olyan természetfeletti jelenségeket, mint a gyógyítás és testen kívüli élmények?

A Kabbala lehetővé teszi számodra, hogy a spirituális világban élj, és ebben a világban is ugyanakkor. Segít érezni, látni és megérteni a spirituális növekedésedet. A Kabbala tanulásával képes leszel látni a múltat, jelent, és jövőt, és tudni fogod, hogyan éld az életedet bölcsebben.

A természetfeletti jelenség nem spirituális. Természetes, fiziológiai jelenség, aminek a Természettől távoli emberek egyszerűen nincsenek tudatában. A Kabbala viszont beszél a spirituális testről, hogy mi történik a lélekben. Más szavakkal, a Kabbala valaki átalakulásáról beszél egoizmusból altruizmusba – a Teremtő természetébe.

Melyik bűbáj hozza a legjobb sikert az életben?

A Kabbala egy tudomány, tiszta és tömör törvényekkel, amiket meg kell tanulni. Semmi köze a bűbájokhoz, áldásokhoz vagy olyan rituálékhoz, amiket ennek a nevében tesznek meg. A Kabbalával kapcsolatos félreértések onnan erednek, hogy a Kabbala el volt zárva az emberek elől, és mágikus erőknek tartották. A Kabbala-könyvek tisztán elmagyarázzák, milyen lépéseket kell megtennünk, hogy elérjük az igazi spirituális tudást. A tudással, amit elérünk, megtudjuk, hogy melyik cselekedet a legjobb az adott szituációkban.

Sok módszer van, amit a spiritualitás elérésére fejlesztettek ki. Miért válasszam éppen a Kabbalát?

A különbség a más tanítások és a Kabbala között – ahogyan a Kabbala szemszögéből megértem – abban rejlik, hogy azok a vágyak lenullázásáról szólnak, vagy legalábbis az elnyomásukról. A Kabbala viszont kijelenti, hogy a Teremtőt pontosan a vágyon keresztül fogjuk érezni, csak a használatának irányát kell megváltoztatnunk és bizonyosan nem lenulláznunk azt. Őt *nem* lehet érezni az Ő felfedezése vágyának lenullázásával.

A Kabbala misztikus tapasztalattal szolgál?

A Kabbala nem egy misztikus tapasztalat. Ez egy rendszer magyarázata a természeti törvényekről, aminek mi mind a részei vagyunk, és amit a saját hasznunkra kell használnunk. Ezek a törvények a Természet összes szintjén aktívak – mozdulatlan, növényi, állati és beszélő szinten. Ennélfogva amikor felfedezzük őket, a világunk összes vonatkozását javítjuk, a klímaváltozástól a szociális berendezkedésekig.

A Kabbala tanulása

A Kabbala tanulása azt jelenti, hogy visszavonulok a mindennapi életből?

Nincs szükség arra, hogy böjtöljünk vagy sanyargassuk magunkat. Nem kell elhagynunk a mindennapi életünket vagy a családi kötelességeinket. Nem kell mélyen lélegezni sem vagy légzőgyakorlatokat végezni, hogy elérjük a nyugalmat.

Éppen ellenkezőleg, a diákok felépítik az egójukat, és edénnyé alakítják őket, amik *segítenek* nekik elérni a magasztos célt – hogy érezzék a Teremtőt. Ahhoz, hogy Kabbalát tanuljunk, és megértsük, hogyan működik a Felső Világ, a tanulónak a világa közepén kell léteznie és cselekednie benne.

Ennélfogva folytatnunk kell mindennapi kötelességeinket. A spirituális valóság eléréséhez valakinek a testi érzékein belül kell lennie, és szorosan összekapcsolódnia az illető hétköznapi életével.

Hol és hogyan fejeződik ki a szabad akarat? Mikor választ valaki és mit kell valakinek választani?

A döntések, amit az életünk során hozunk, leszűkülnek arra, hogy felfedezzük, mi késztet arra, hogy Kabbalát tanuljunk. A Kabbala-tanulmányok mellett minden egyéb cél „állatinak" számít, mivel azok átmenetiek, és véget érnek, amikor a fizikai test meghal. Mint emberi lények, csak abban van meg a szabad választásunk, hogy tanuljunk-e Kabbalát. Három ok van, ami Kabbala tanulására késztet minket:

1. Jutalom és büntetés ebben a világban;
2. Jutalom és büntetés a következő világban;
3. Adakozás a Teremtő felé, amikor az a vágy késztet minket, hogy hasonlítsunk a Teremtő adományozó tulajdonságához. A Kabbala tanulása eszköz, hogy elérjük a végső altruista célt: adakozni Őfelé, aki teremtett minket.

Ennek a három oknak köszönhetően a spiritualitás magasabb nálunk. Nem tudjuk meggyőzni a testünket, hogy adjon a Teremtőnek, mert a testünk azonnal egy kérdéssel válaszol: „Mit kapok érte?" A természetének megfelelően a test (amit a Kabbala úgy határoz meg, mint a „megszerzés-vágy") nem tudja megérteni az adományozást.

Így nincs más választásunk, mint hogy kérjük a Teremtőt, adja meg nekünk a vágyat és a szándékot, hogy adományozzunk, cselekedjünk és gondolkodjunk arra való tekintet nélkül, hogy hasznunk lesz-e belőle. Ha minden gondolatunkkal és vágyunkkal arra fókuszálunk, hogy elérjük azt a jelleget, a Teremtő kicseréli a testi természetünket egy spirituálissal.

Ennek hatására – azzal ellentétben, amikor nem értettük a lehetőségét a másokért való munkának – most azt nem fogjuk megérteni, hogy lehetséges *nem* a Teremtőért dolgoznunk

Amikor megpróbálom olvasni a *Zohár könyvé*t, nagyon nehéznek találom, hogy megértsem azt. Ez csak rám igaz, vagy ez tényleg egy nehezen felfogható könyv?

A *Zohár könyve* egy nagyon fontos Kabbalista könyv, de elzárt módon íródott, lehetetlenné téve a megértését, ameddig egy ember nincs a spirituális világban. Emiatt javasolt, hogy ne egyenesen a *Zohár könyvé*nek tanulásával kezdjük el a tanulmányainkat. Ehelyett vannak bevezetések és könyvek, amit Baál HaSzulám írt, hogy megtanítsa, hogyan értsük meg azt, ami a *Zohár*ban le van írva.

A *Zohár könyve* nem egy olyan könyv, amin keresztül el tudjuk érni a spiritualitást; azok számára írták, akik már elérték azt. Ahhoz, hogy megfelelően megértsük, először számos más szöveget kell tanulnunk, mint amilyen az „Előszó a Kabbala bölcseletéhez", a „Bevezetés a Zohár könyvébe", „Előszó a Zohár könyvéhez". Mielőtt először elérnénk egy tiszta és helyes tudást ezeken a bevezetéseken keresztül, a könyv teljesen homályos lesz nekünk.

Mostanában többféle Kabbalát tanuló csoport is megjelent. Megéri kipróbálni őket?

Mindig megéri felfedezni, legalább egyszer, hogy ki tanul és hogyan tanul Kabbalát. Ez abban is segít, hogy önmagadat megismerd. Ennélfogva azt javaslom neked, hogy próbálj ki dolgokat, mielőtt eldöntöd, hogy az helyes-e a számodra.

Van különbség aközött, ahogyan a férfiak és nők tanulják a Kabbalát?

A férfiaknak és nőknek is spirituálisan fejlődniük kell, de a különbség köztük a módszerben van. A tanulási folyamat kezdete ugyanolyan. Ezért van, hogy a bevezető kurzusok ugyanazt a módszereket kínálják nők és férfiak számára. Később ha egy ember mélyebbre megy a Kabbala tanulásával, a módszerek különbsége nyilvánvaló lesz. A férfiak és a nők különbözően kezdik érezni a világot, mert a férfiak és a nők valóban két különböző világ, és a teremtést különbözőképpen fogják fel.

Mit értenek a Kabbalisták az „elérés" alatt?

A Kabbalában a Teremtés Gondolatának megértése – a megértés legmélyebb szintje – „elérés" megnevezésre hallgat. Máshogyan mondva, az elérés a megértés végső foka. Egy állapot (vagy fokozat) elérése azt jelenti, hogy felfogod minden egyes részét annak az állapotnak.

Mi az ima?

A szívünkben levő érzések imák. De a legerősebb ima, ahogyan Baál HaSzulám írja, az, amikor valaki a szívében érzi a tanulás alatt, hogy sóvárog az anyag megértésére, azaz hogy kapcsolódjon a tulajdonságaival ahhoz, amit tanul.

Mivel mindent a Fenti határoz meg, hol van a döntés szabadsága?

Az ember egyedüli szabadsága, hogy megválassza a környezetét, a közösséget, ami hatással van ránk. Olvashatsz erről

Baál HaSzulám esszéjében, a „Szabadság"-ban. Mindenki útja teljesen előre meghatározott. Az egyetlen mód, hogy haladjunk, előre van, azaz fel a Teremtőhöz. Ezt akarnunk kell magunknak, tudatosan; de ha nem tesszük meg, a Természet arra kényszerít minket, hogy akarjunk haladni.

Ha a Teremtő azért teremtett, hogy élvezetet adjon a teremtményeinek, miért vonja meg tőlünk az élvezetet?

Nem a Teremtő vonja meg tőlünk az élvezetet. A szenvedésünk oka az Ővele való ellentétességünk. Ő az abszolút jóság, és amikor mi is ilyenek akarunk lenni, látni fogjuk, hogy csak azt teszi, hogy bőséget és élvezetet ad nekünk. De amíg vele ellentétesek vagyunk, nem tudjuk megkapni ezeket az élvezeteket, mert le vagyunk róla választva.

Ki tanulhatja ezt a tudományt?

Amikor Kook rabbit megkérdezték, hogy kinek van joga Kabbalát tanulni, úgy válaszolt: „bárkinek, aki szeretne". Ha egy személy tényleg szeretne tanulni, ez annak a jele, hogy készen áll.

Test, lélek és reinkarnáció

Van a Teremtőnek teste?

Nemhogy a Teremtőnek nincs teste, de nekünk, Teremtményeknek sincs. A Teremtmény nem testi, fizikai, biológiai test, hanem egy puszta vágy, hogy ki legyünk töltve a Teremtő Fényével. Ez a vágy mindegyikünkben létezik, és ez az, amit a Kabbalisták „léleknek" hívnak.

A lélek olyan részekre oszlik, amit a test után neveztek el. Viszont nincs kapcsolat ezek között a részek között, és a lélek részei között, amit a fizikai testünk szervei után neveztek el. A Kabbalisták egyszerűen találtak egy módot, hogy kifejezzék a spirituális világ fogalmait e világ szavaival. Ezt úgy teszik, hogy veszik e világ szavait, és a spirituális erők leírására használják őket, amik a gyökerek, azon objektumok eredetei. Ezeket az erőket csak a gyökerek és ágak nyelvén lehet kifejezni.

Mit jelent a Kabbala terjesztése?

Az emberiség úgy szerzi meg a tudást magáról és a világról, hogy kutatja magát és a környezetét.

Fantáziát teremtünk mindenről, amit nem értünk meg, de szeretnénk. Ezek analógián, spekuláción és számolt egyezőségeken alapulnak, bármit is tudunk. De akármilyen keményen is próbálkozunk, nem tudjuk kitalálni vagy elképzelni az univerzum egy olyan részét, amit sohasem éreztünk. Az analógia sem fog segíteni, mivel az érzékeink nem tapasztaltak semmi hasonlót.

A Kabbala megteremt, pontosabban kifejleszt egy új érzékelést bennünk. Csak ennek az érzékelésnek a kifejlesztésével tudja valaki érezni *azt* a világot. Csak akkor tiszta, ha nem segít a fantázia megfigyelni azt.

Olyan ember nem tud átadni ilyen érzéseket másoknak, akikben nincs meg ez az érzékelés. Ha valakinek megvan ez az érzékelése, a másik át tud menni a spirituális érzékeléseken, de csak olyan mértékig, amilyen mértékig kifejlesztette ezt az érzékelést.

Egyfelől a Kabbala egy tudomány, mert egy érzékelését fejlesztjük ki a körülvevő térnek, és egy szigorúan tudományos folyamat során kutatjuk azt. Másfelől a Kabbala különbözik az összes természetes módszer közül, mivel lehetetlen azt a világot kutatni, mielőtt egy különleges érzékelést el nem érünk rá. Csak olyan mértékig kezd valaki különbözően felfogni dolgokat, amennyire az illető érzi azt a világot.

Aki nem érzi ezt, képtelen elképzelni is. A „Kabbala terjesztésének" célja az, hogy az embereknek elhozza azt, hogy érezzék a szükségét, hogy fejlesszék a lelküket és megtapasztalják a spirituális világokat maguknak. A Kabbala terjesztése egy módszert ad nekünk az ilyen fejlődésre, és megtanítja, hogyan használjuk ezt az újonnan megtalált érzést. Ezért van, hogy a Kabbala egy különleges tudomány, és nem vallás.

Le van írva a **Haggadá**ban (a szövegben, amit húsvét éjjel olvasunk), hogy a Fáraó Izraelt közelebb hozta a Teremtőhöz. Hogyan tud egy ilyen negatív erő a Teremtőért dolgozni és önmaga ellen?

A Fáraó a Teremtő ereje. Ez egy jó erő, ami negatívan jelenik meg bennünk, ahogyan írva van: „Két angyal vezet valakit a célhoz – a »jó« és a »rossz«."

A fejlődés teljes tapasztalata abból áll, hogy új erőit érjük el az adakozásnak. Ha csak jó szándékaink lennének, képtelenek lennénk haladni. A Fáraó, a gonosz hajlam megengedi nekünk, hogy vegyünk a nagyobb élvezetre való vágyból, korrigáljuk azokat, és így még magasabbra emelkedjünk.

Ennélfogva fontos, hogy úgy viszonyuljunk a Fáraóhoz, mint a Teremtő erejéhez, akit azért küldött, hogy segítsen minket. A Fáraó előrevisz minket azzal, hogy az egónkban vágyat idéz, hogy előrelépjünk és fejlődjünk anyagilag. Ennek eredményeképpen fokozatosan megértjük, hogy az anyagi előrelépés nem ad nekünk semmit, és az igazi fejlődés spirituális.

Amikor a Fáraó hatása alatt elkezdünk spirituálisan fejlődni, egy edényt keresünk a spirituális világban, hogy kitöltekezzen az élvezetre való vággyal. Így a saját egoizmusunk, a Fáraó, a motiváló erő minden mögött. Ez ezért van így, mert nem tudjuk megkapni a Felső Fényt a megszerzésvágyunkban anélkül, hogy az adakozás szándéka működne bennünk, hogy a Teremtőhöz hasonlatosak lennénk.

Ehelyett csak a mi világunk (nagyon kis) örömeit élvezzük, amik ha egyszer elmúltak, csak üresebbként hagynak ott minket, és elégedetlenebbként, mint azelőtt.

A Fáraó motivál minket a spiritualitásba, és azután, amikor megkaptuk a spirituális örömöt, elveszi azt magának. A mi világunkban a Fáraó motivál minket, hogy élvezetet kapjunk, a hagyományos vágyon keresztül, hogy örömöt adjunk magunknak.

A húsvéti *Haggadá*ban ezt úgy hívják, az „öreg Fáraó". Végül is azt mondták, hogy új király lett Egyiptomban. Ez a Fáraó az, aki elvisz minket a spiritualitásba, és megszerzi magának azt.

A tudomány sikeresen klónozza a biológiai testet; mi a helyzet a lélekkel?

A léleknek nincs kapcsolata a fizikai testünkkel. A fizikai testünk létezhet, mint egy biológiai „állati" test, egy életet adó erővel, amit „állati léleknek" hívunk. De ennek semmi köze a felső lélekhez.

Nem kérdezzük meg magunktól, hogy miért vannak tehenek, csirkék vagy macskák, és hogy miféle lélek lakozik bennük. Mégis nekik is vannak lelkeik, de az övék egyszerűen az állati erő, ami fenntartja őket, ugyanaz az erő, ami fenntartja a mi testeinket.

Ennélfogva egy testet lehet klónozni, és ezzel nincs probléma. A jövőben az összes szerv és valójában az egész test klónozva lesz. De a lélek nem függ a testtől, mert az ember jól definiált spirituális törvények alapján kap lelket, amihez a fizikai és biológiai tudományoknak semmi közük. Ezért nem tudunk lelket klónozni.

Sok ember létezik a világunkban, akinek a Felső Lelke egyáltalán nem is létezik. Ezt a lelket úgy hívjuk, „szívben található pont". Vannak emberek, akiknek ez megvan, és vannak, akiknek nincs. Mellékesen nem tudjuk, hogy kinek van meg és kinek nincs.

Hogyan formálja át magát egy lélek Ádám kollektív lelkévé?

A lélek valójában sosem hagyta el a kollektív lelket; egyszerűen abbahagyta az érzését, amikor megszerezte az egoista vágyat. De a korrekció vágyának folyamata közben a lélek korrigálja ezt a felfogás hiányát és felfedezi az igazi állapotát a kollektív lélekben.

Ennek az érzésnek a megkapását a „felemelkedésnek hívjuk a spirituális létra fokain", a mi világunkból az *Acilut* világába.

Hogyan van az egyéni lélek leválasztva a közös lélekről?

Ahogyan a lélek járulékos korrigálatlan egoista vágyakat kap, elveszti a spirituális világ érzését, amit a lélek úgy értelmez, mint elválasztottságot a közös lélekről. Ennek eredményeképpen egy durvább vágyat érez magában, amit „testnek" hívunk. A lélek ezt úgy érzi, mint „születést" a fizikai testbe.

Hogyan kerül a lélek a testbe?

Ha ezalatt a fizikai testet érted, akkor a léleknek nincs dolga vele. De ha a „test" alatt vágyat értesz, akkor ha a vágy egoista, ezt úgy hívják, az „e világ" teste. Ha a vágy altruista, ezt a „spirituális testnek" hívják. Minden ilyen kérdést elmagyaráz a „Bevezetés a Zohár könyvébe".

2. függelék
További olvasnivaló

Most, hogy elolvastad a *Kabbala kezdőkneket*, bizonyára arra gondolsz, mi legyen a következő. Ez a függelék segít neked ezt eldönteni.

A könyveket négy kategóriára osztottuk – Kezdőknek, Középhaladóknak, Haladóknak és Mindenkinek. Az első három kategória a tudásnak megfelelő, amit az olvasónak birtokolnia kell. A negyedik kategória, a Mindenkinek, olyan könyveket tartalmaz, amiket mindig élvezni tudsz, akár kezdő vagy, akár már elmerültél a Kabbalában.

Ha a *Kabbala kezdőknek* az első könyv, amit a Laitman Kabbalah Publishers vagy az Upper Light Publishing adott ki, ajánljuk, hogy olvass el egy másik kezdőknek szóló könyvet is, csak más nézőpontból, mint amilyen a *Kabbala, Tudomány és az élet értelme* vagy a *Káoszból a harmóniába* című könyv, mielőtt a középhaladó szintre lépnél.

KEZDŐKNEK

A Kabbala feltárul (Kabbalah Revealed)
Ez egy tisztán megírt, olvasóbarát útmutató, hogyan érzé-

keljük a körülöttünk levő világot. A hat fejezet mindegyike a Kabbala bölcseletnek különböző nézőpontjára fókuszál, megvilágítva a tanításokat, és elmagyarázva őket számos hétköznapi példán keresztül.

A *Kabbala feltárul* első három fejezete elmagyarázza, miért van a világ válság állapotában, és hogyan segítik a növekvő vágyak a haladást, ahogyan az elidegenedés is, és miért gyökerezik a legjobban elrettentő dolog a pozitív változás szempontjából a saját lelkünkben. A negyedik fejezettől a hatodikig a pozitív változás receptjét tartalmazza. Ezekben a fejezetekben megtanuljuk, hogyan használjuk a lelkünket arra, hogy békés életet építsünk és harmóniában éljünk a Teremtéssel.

Csodás bölcsesség *(Wondrous Wisdom)*

Ez a könyv bevezető kurzust ajánl a Kabbalába. Mint az öszszes itt bemutatott könyv, a *Csodás bölcsesség* is kizárólag az autentikus tanításon alapul, amik Kabbalista tanítóról diákra szálltak az évezredek alatt. A könyv szívén egy leckefolyam van, ami feltárja a Kabbala bölcseletének természetét, és elmagyarázza, hogyan érjük el azt. Minden ember számára kötelező ez a könyv, aki megkérdezi, hogy „ki vagyok én valójában?" és „miért vagyok ezen a bolygón?".

Ráébredés a Kabbalára *(Awakening to Kabbalah)*

Egy megkülönböztető, személyes, és tiszteletteljes bevezetés az öreg bölcselet hagyományaiba. Ebben a könyvben Rav Laitman egy mélyebb megértését nyújtja a Kabbala alapvető tanításainak, és annak, hogyan tudod ezt a bölcseletet azért használni, hogy letisztázd a kapcsolatodat másokkal és a világgal körülötted.

Tudományos és költői nyelvet egyaránt használva, a legalapvetőbb kérdéseket teszi fel a spiritualitásról és a létezésről. Ez a provokatív, egyedi útmutató inspirálni és erősíteni fog abban, hogy a világon túlra láss, és a mindennapi életed korlátain túlra, közelebb kerülve a Teremtőhöz, és hogy elérd a lélek új mélységeit.

Kabbala, tudomány és az élet értelme (Kabbalah, Science, and the Meaning of Life)

A tudomány elmagyarázza a szerkezeteket, amik az életet fenntartják, a Kabbala elmagyarázza, miért létezik az élet. A *Kabbala, tudomány és az élet értelme* című könyvben Rav Laitman a tudományt a spiritualitással kombinálja, egy elbűvölő párbeszéden keresztül, ami feltárja az élet értelmét.

A kabbalisták évezredekig írtak arról, hogy a világ egyetlen entitás, ami különálló lényekre oszlik. Ma a kvantumfizika csúcsa nagyon hasonló gondolattal szolgál: az anyag alapszintjén mi szó szerint egyek vagyunk.

A tudomány bebizonyítja, hogy a valóságot a megfigyelői alakítják; és a Kabbala is ezt teszi. De a Kabbala ennél is bátrabb kijelentést tesz: még a Teremtő is, a valóság megteremtője, a megfigyelőn belül létezik. Más szavakkal: Isten bennünk van; nem létezik máshol. Amikor elhalálozunk, akkor ő is ezt teszi.

Ezek a megrázó fogalmak és egyebek ékesszólóan be vannak mutatva ebben a könyvben, így a Kabbala új olvasói is könnyen megérthetik azokat. Ennélfogva ha csak egy kicsit is kíváncsi vagy rá, miért vagy itt, mit jelent az élet, és mit tehetsz, hogy jobban élvezd azt, ez a könyv neked szól.

A káoszból a harmóniába (*From Chaos to Harmony*)

Sok kutató és tudós egyetért abban, hogy az ego az oka annak a veszélyes állapotnak, ami a világunkban ma van. Laitman áttörő könyve nemcsak azt mutatja be, hogy az ego az alapja az összes szenvedésnek az emberi történelemben, de azt is, hogyan tudjuk az állapotunkat örömmé változtatni.

A könyv világos elemzést tartalmaz az emberi lélekről és a problémáiról, és „útitervet" ad, hogy mire van szükségünk, hogy ismét boldogok legyünk. *A káoszból a harmóniába* elmagyarázza, hogyan tudunk a létezésünkön új szintre érni személyes, közösségi, nemzeti és nemzetközi szinten.

KÖZÉPHALADÓ

A Kabbala tapasztalása (The Kabbalah Experience)

A bölcselet mélysége tárul fel a kérdésekben és válaszokban ezen a könyvön keresztül, ami arra készteti az olvasót, hogy reagáljon az olvasottakra és elmélkedjen azokon. Ez nem egy olyan könyv, amin végig lehet robogni, inkább olyan, amit gondolkodva és gondosan kell olvasni. Ezzel a hozzáállással az olvasó elkezdi tapasztalni a megvilágosodás növekvő érzetét, egyszerűen azáltal, hogy magába szívja a válaszokat a kérdésekre, amit minden Kabbala-diák feltesz az úton.

A Kabbala tapasztalása egy útmutató a múltból a jövőbe, olyan helyzeteket feltárva, amit minden Kabbalát tanuló tapasztalni fog az útja bizonyos szakaszán. Azoknak, akik ápolják életük minden pillanatát, ez a könyv példátlan betekintést nyújt a Kabbala időtlen bölcseletébe.

A Kabbala útja (The Path of Kabbalah)

Ez az egyedi könyv kombinálja a kezdők anyagát előrehaladottabb fogalmakkal és tanításokkal. Ha olvastál már egy-két Laitman-könyvet, nagyon könnyen tudsz majd kapcsolódni ehhez a könyvhöz.

Miközben alapfogalmakat érint, mint a valóság felfogása és a szabad akarat, *A Kabbala útja* mélyebbre megy, és a kezdő könyveknél mélyebben mutatja be ezt. A világok felépítését például részletesebben elmondja itt, mint a „pusztán" kezdő könyvekben. Azt is leírja, hogy a spirituális gyökér hogyan befolyásolja a földi anyagot a zsidó naptáron és ünnepeken keresztül.

HALADÓ

A Kabbala Tudománya (The Science of Kabbalah)

A tudós és kabbalista Rav Michael Laitman PhD, ezt a könyvet azért írta, hogy bevezesse az olvasót az autentikus Kabbala bölcselet nyelvezetébe és kifejezéseibe. Itt Rav Laitman racionális és felnőtt módon tárja fel az autentikus Kabbalát. Az olvasók fokozatosan megértik az univerzum logikus tervét és az életét, ami benne létezik.

A Kabbala tudománya egy forradalmi munka, ami páratlan a tisztaságában és mélységében, és vonzó az intellektus számára, képessé teszi az olvasót arra, hogy Baál HaSzulám (Jehuda Áslág rabbi) technikaibb munkáit értelmezze, mint amilyen a *Tíz Szfira Tanulmánya* és a *Zohár könyve*. Ennek a könyvnek az olvasói élvezni fogják a kielégítő válaszokat az élet rejtvényeire, amit csak az autentikus Kabbala tud megadni. Az oldalak között utazva felkészülünk a Felső Világokba történő elképesztő utazásra.

Bevezetés a Zohár könyvébe (Introduction to the Book of Zohar)

Ez a könyv *A Kabbala tudományá*val együtt felkészíti azokat, akik szeretnék a *Zohár könyvé*nek rejtett üzenetét megérteni. Sok segítő téma között, amivel ez a szöveg foglalkozik, bevezet a „gyökerek és ágak" nyelvébe, ami nélkül a *Zohár* történetei csak mesék és legendák. A *Bevezetés a Zohár könyvébe* megadja az olvasónak a szükséges eszközöket, hogy megértse az autentikus Kabbalát, ahogyan azt eredetileg tervezték a Felső Világok elérésének eszközéül.

MINDENKINEK

A Felső Világok elérése (Attaining the Worlds Beyond)

A Felső világok elérése bevezetőjéből: „...amikor nem éreztem jól magam a zsidó újév során 1991 szeptemberében, a tanárom félrehívott, és átadta ezt a jegyzettömböt, azt mondva: „Vedd és tanulj belőle!". A következő reggelen a tanárom a karjaim között halt meg, elhagyva engem és sok másik tanítványt irányítás nélkül hagyva a világban.

Azt szokta mondani, „azt szeretném, hogy a Teremtőhöz fordulj inkább és ne hozzám, mivel Ő az egyedüli erő, az egyetlen Forrás, ami létezik, az Egyetlenegy, aki tényleg segíteni tud neked, és Ő várja, hogy imádkozz segítségért. Amikor segítséget keresel az e világ kötelékeiből való szabadság kutatásában, magadat e fölé a világ fölé emelni, megtalálni önmagadat és megtalálni az életed értelmét, a Teremtőhöz kell fordulnod, aki ezeket a vágyódásokat azért küldi, hogy Őhozzá fordulj."

A Felső világok elérése magába foglalja a jegyzettömb tartalmát és sok inspiráló szöveget is. Ez a könyv mindenkinek szól, aki kereső, és logikus, megbízható módot szeretne találni, hogy megértse a világ jelenségeit. Ez a lenyűgöző bevezető a Kabbala bölcseletébe megvilágítja az elmét, erővel tölti fel a szívet, és az olvasót a lelke mélységei felé vezeti.

A Kabbala alapfogalmai (Basic Concepts in Kabbalah)

Ez a könyv segít kifejleszteni egy *hozzáállást a Kabbala alapfogalmaihoz*, a spirituális tárgyakhoz és spirituális kifejezésekhez. Ennek a könyvnek az olvasása és újraolvasása belső megfigyelést fejleszt, érzékeket és hozzáállásokat, amik még nem léteztek bennünk. Ezek az újonnan elért megfigyelések olyanok, mint az érzékelők, amivel „érzem" a teret, ami körülöttünk rejtve van a hagyományos érzékszerveink számára.

Ezért *A Kabbala alapfogalmai* arra szolgál, hogy elősegítse a spirituális kifejezéseken való elmélkedést. Ha egyszer megismerkedtünk ezekkel a kifejezésekkel, elkezdünk látni a belső látásunkkal, leleplezve a spirituális szerkezetet, ami körülöttünk van, éppúgy, ahogyan felszáll a köd.

Ismétlem, ennek a könyvnek nem az a célja, hogy tényeket tanítson. Ehelyett azoknak szól, akik fel akarják ébreszteni a legmélyebb és legfinomabb érzéseket, amiket csak érezni tudnak.

3. függelék
A Bnéj Baruchról

A Bnéj Baruch a Kabbalisták egy csoportja Izraelben, akik a Kabbala bölcseletét megosztják az egész világgal. Az anyagok több mint 20 nyelven elérhetőek, és olyan autentikus Kabbala-szövegeken alapulnak, amik generációról generációra szálltak tovább.

A MEGALAKULÁS TÖRTÉNETE

1991-ben tanára, Baruh Shalom HaLevi Áslág rabbi halálát követően Rav Michael Laitman, tudományelméleti és ontológiaprofesszor, filozófia PhD, és orvosi bio-kibernetikus egy kabbala-tanuló csoportot alapított, amint „Bnéj Baruch-nak" nevezett el. Azért hívta Bnéj Baruchnak („Baruch Fiai"), hogy így tisztelegjen mentora emléke előtt, aki mellett élete utolsó tizenkét évében kitartott, 1979-től 1991-ig. Rav Laitman Áslág első számú diákja volt, személyes asszisztense és Rabas tanítási módszerének örököse.

Rabas volt az elsőszülött fia és örököse Jehuda Leib HaLevi Áslágnak, a 20. század legnagyobb kabbalistájának. Áslág rabbi írta a legérthetőbb és leghitelesebb kommentárt a *Zohár könyvé*hez, amit a *Szulám kommentár*nak hívnak (*A létra kom-*

mentár). Ő volt az első, aki feltárta a spirituális felemelkedés teljes módszerét, és így úgy hívták, hogy Baál HaSzulám („a létra birtokosa").

Ma a Bnéj Baruch a teljes tanulási módszert arra az útra alapozza, amit ez a két spirituális mester kövezett ki.

A TANULÁSI MÓDSZER

Az egyedülálló tanulási módszert, ami a Bnéj Baruch napi alapját adja, Baál HaSzulám és a fia, Rabas fejlesztette ki. Ez a módszer autentikus Kabbala-forrásokon alapul, mint a *Zohár könyve*, Rabbi Simon Bár Johájtól, vagy az *Élet fája*, amit a Szent Ari írt, és a *Tíz szfira tanulmánya*, ami Baál HaSzulám műve.

Míg a tanulmányok autentikus Kabbala-forrásokon alapulnak, egyszerű nyelven van elmagyarázva, és tudományos mai látásmódja van. Ez a látásmód a Bnéj Baruchot egy nemzetközileg elismert szervezetté tette Izraelben és az egész világon.

A tudományos tanulás és a személyes tapasztalatok egyedi kombinációja szélesíti a tanulók nézőpontját, és a valóság új felfogásához vezeti el őket. Akik a spirituális úton vannak, megkapják a szükséges eszközöket, hogy önmagukat és a körülvevő valóságot kutathassák.

AZ ÜZENET

A Bnéj Baruch egy sokszínű mozgalom, ami sok ezer diákot foglal magába világszerte. A diákok egyedi feltételeiknek és képességeiknek megfelelően megválaszthatják a saját útjukat és a tanulmányaik ütemét. Az üzenet lényege egyetemes, amit a Bnéj Baruch terjeszt: „az emberek egysége, a nemzetek egysége és az ember szeretete".

A Kabbalisták évezredekig azt tanították, hogy az ember szeretetének kellene az összes emberi kapcsolat alapját képeznie. Ez a szeretet visszamegy Ábrahám és Mózes napjaiig, és a kabbalista csoportokig, amit ők alapítottak. Ha helyet csinálunk ezeknek a régi, mégis mai értékeknek, felfedezzük, hogy bennünk rejlik az erő, hogy félretegyük a különbözőségeket, és egyesüljünk.

A Kabbala bölcselete évezredekig rejtett volt, és várt az időre, amikor kellően készen állunk az üzenet befogadására. Most egy megoldásként jelentkezik, ami egyesítheti a különböző csoportosulásokat mindenfelé, és jobban lehetővé teszi számunkra – egyének és közösségek számára egyaránt –, hogy a mai kihívásokkal szembenézzünk.

MŰKÖDÉS

A Bnéj Baruchot azért alapították, mert „csak a nyilvánosság felé való terjesztésével hozza a Kabbala bölcselete a teljes megváltást" (Baál HaSzulám).

Ennélfogva a Bnéj Baruch több módot ajánl az embereknek, hogy felfedezzék az életük célját, gondos útmutatásul szolgál a kezdőknek és a haladó tanulóknak is.

Kabbalah Today

A *Kabbalah Today* egy ingyenes, havonta megjelenő újság, amit a Bnéj Baruch jelentet meg és terjeszt. Nem politikai, nem kereskedelmi, és tisztán, korhű stílusban íródott. A célja az, hogy felfedje a rengeteg tudást, ami a Kabbala bölcseletében rejtve van, mindezt ingyen, és egy tiszta, minden olvasó számára megnyerő formában.

A *Kabbalah Today*t ingyen terjesztik minden nagyobb Egyesült Államok-beli városban, Torontóban, Kanadában, Londonban, Angliában és Sydneyben, Ausztráliában. Angolul, héberül és oroszul nyomtatják, és az interneten is elérhető a www.kabtoday.com-on.

A megrendelők számára szállítási költség ellenében elküldik.

Internet weboldal

A Bnéj Baruch holnapja a www.kabbalah.info bemutatja a Kabbala autentikus bölcseletét, esszék, könyvek és eredeti szövegek segítségével. Az oldalon egyedülálló, terjedelmes könyvtár várja az olvasókat, hogy átfogóan felfedezzék a Kabbala bölcseletét. Emellett létezik egy médiaarchívum, a www.kabbalahmedia.info, ami több mint 5000 médiafájlt tartalmaz, letölthető könyveket, sok nyelven elérhető rengeteg szöveget, videót és hangfájlokat. Minden ilyen anyag ingyen letölthető.

Kabbala-televízió

A Bnéj Baruch alapított egy filmgyártó céget, ez az ARI Films (www.arifilms.tv), ami az oktató TV-programok készítésére szakosodott több nyelven, világszerte.

Izraelben a Bnéj Baruch élő műsort sugároz kábelen és műholdon, a 98-as csatornán vasárnaptól péntekig. Minden sugárzott műsor ingyen elérhető. A programok különösen kezdőknek szólnak, és nem igénylik az anyagok előzetes ismeretét. Ennek a kényelmes tanulási folyamatnak részei olyan műsorok is, amikor Rav Laitman nyilvánosan ismert emberekkel találkozik Izraelben és világszerte.

Az ARI Films oktatási sorozatokat és dokumentumfilmeket és sok egyéb vizuális tanítási segédletet DVD-n is forgalmaz.

Kabbala-könyvek

Rav Laitman tiszta, korhű stílusban írja a könyveit, Baál HaSzulám fő fogalmaira alapozva. Ezek a könyvek élő kapcsolatot jelentenek a mai olvasók és az eredeti szövegek között. Rav Laitman könyveinek mindegyike megvásárolható és szabadon le is tölthető. Rav Laitman eddig harminc könyvet írt, amit tíz nyelvre fordítottak le.

Kabbala-leckék

Ahogyan a kabbalisták évszázadokig azt folytatták, Rav Laitman napi leckét ad a Bnéj Baruch központban Izraelben 3:15–6:00 között izraeli idő szerint. A leckék szinkrontolmácsolása hat nyelvre történik: angolra, oroszra, spanyolra, németre, olaszra és törökre. A közeljövőben az adásokat franciára, görögre, lengyelre és portugálra fogják lefordítani. Ahogy minden mással is így van, az élő sugárzás ingyenes a diákok számára világszerte.

Finanszírozás

A Bnéj Baruch egy non-profit szervezet, ami a Kabbala bölcseletének tanításával és megosztásával foglalkozik. Ahhoz, hogy fenntartsa a szándékainak tisztaságát, a Bnéj Baruchot nem támogatja anyagilag semmilyen szervezet, és nem kötődik egyetlen kormányzati vagy politikai szervezethez sem. Mivel a tevékenységeinek többsége ingyenes, a finanszírozás elsődleges forrása a csoport tevékenységeire felajánlásból származik, tizedből – amit a diákok önkéntes alapon fizetnek – és Rav Laitman könyveiből, amit pénzért lehet megvásárolni.